Julio Carreras (h)

Artistas y pensadores

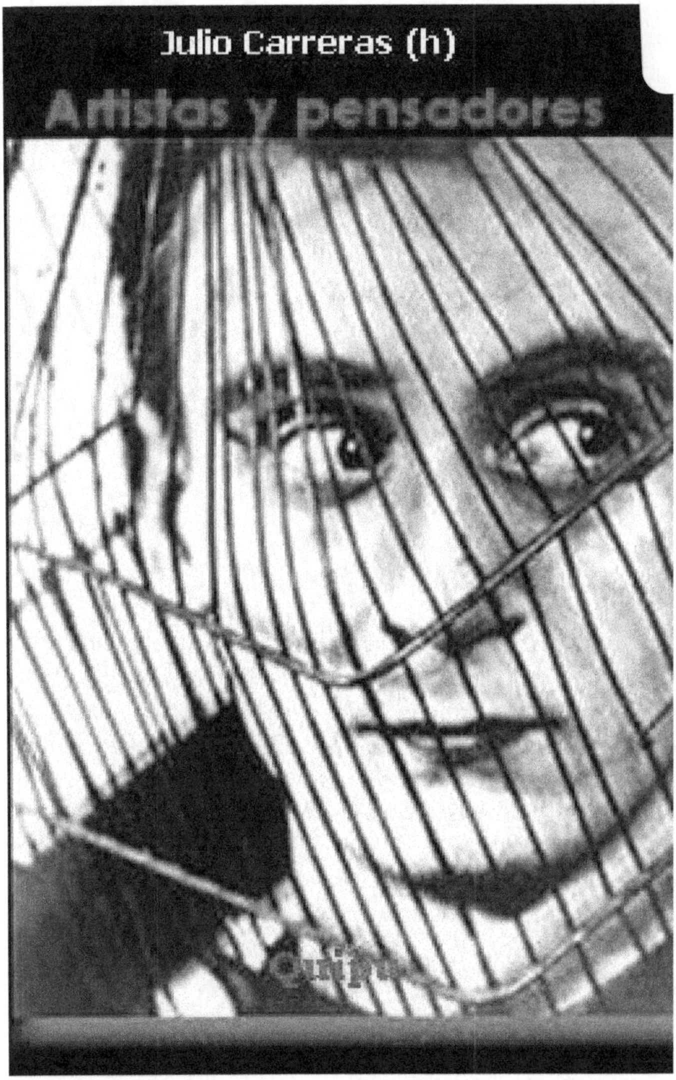

Pensadores, artistas, religiosos, guerreros

Entrevistas y diálogos con Miguel Ángel Estrella, Karl Otto Apel, Mempo Giardinelli, Chamaca Córdoba, Alcira Argumedo, Fray Guillermo Fernández Beret, Héctor Schmucler, Juan Filloy , Padre José Marins, Jorge Estrella, Félix "El Puma" Seravalle - Por Julio Carreras (h)

Foto de la portada: André Breton.

La entrevista: una creación de dos

Cuando se va a efectuar una entrevista es necesario que haya cierta empatía o interés intelectual de por medio. Sólo así el resultado podrá ser interesante para un lector. Este requisito ideal no siempre se cumple cuando el trabajo es para un diario. Puede existir la indicación previa: "Entrevistalo a fulano". Ese fulano por lo general ni nos interesa - a veces ni siquiera sabemos quién es (obligándonos a dejar otra tarea más grata y poniéndonos apresuradamente a obtener datos sobre el desconocido).

Para este libro he desechado entrevistas efectuadas por mera obligación, escogiendo únicamente las que hice interiormente   motivado.

No con todos los entrevistados tuve empatía –por ejemplo: con Apel medió sólo cordial y fría profesionalidad-; sí todos los seleccionados para esta publicación me interesaban, desde un punto de vista intelectual o humano, aún antes de estar personalmente con ellos.

Hacia algunos sentí una empatía más o menos intensa; dos de ellos me impresionaron hondamente. Fueron Miguel Ángel Estrella y Héctor   Schmucler.

A Estrella lo vi de lejos, por mucho rato, antes de dialogar. Aún a distancia provocaba en mí cierta conmoción, indefinible, algo como un respeto oscuramente sacro. Se presentaba como un hombre muy cordial, siempre rodeado de gente, a menudo sonriendo. Mas –pese a su breve estatura- lo percibí aureolado de un poderoso fuego, mercuriano, que me inspiró un atávico temblor. Era un día muy caluroso. Después de una mañana de intensa actividad y un asado comunitario, pleno de empanada y vino, pregunté adónde podría echar una pequeña siesta. Me dijeron que allá. Era una umbrosa habitación, había solamente dos camas, de antiguo metal, separadas por un angosto espacio. Piso de ladrillo, paredes de adobe y techo muy alto, cruzado por viguetas -probablemente de algarrobo blanco.   Estaba adormeciéndome, cuando escuché un leve rozar de la cortina densa. Alguien había ingresado, con mucho tino; despaciosamente se acercaba. ¡Miguel Ángel Estrella! Sentí vergüenza por estar en calzoncillos (de esa manera me había tirado sobre el lecho). A través de las pestañas, haciéndome el dormido, observé al gran artista. Con sus ojos acostumbrándose a la penumbra, él me observaba a mí. Estaba asombrado, se ve que no esperaba encontrarme allí. Pronto él también se quitó la remera y el pantalón, para acostarse en el otro lecho. Un par de horas después, tomando matecocido con tortilla, no sin mediar algún silencioso preámbulo, concretamos el diálogo   publicado aquí.

De Héctor Schmucler había leído pocos textos, pero cada uno de ellos me resultó fundamental. Era uno de mis intelectuales épicos; no sé por qué había supuesto que vivía en México –y que seguramente era mexicano, o tal vez porteño. Al enterarme por el diario de que vendría a participar de un encuentro internacional en Las Termas de Río Hondo, y que vivía en Córdoba –que incluso era cordobés- decidí en el acto entrevistarlo. Cuando establecimos nuestros primeros diálogos empecé a sentir hacia él algo entrañable... como si fuera mi padre, o un hermano mayor... A medida que conversábamos con este viejo grandote, jovial, de jopo desordenado, medio rubio, medio canoso, que le caía por la frente dándole expresión de niño, mi sensación de alegría sólo   fue ensanchándose -seguramente alentada por el delicioso almuerzo en el restaurant del lago, la cordialidad entre los participantes, el vino   amable... Tomando café en el hotel, con dos agraciadas pupilas universitarias revoloteando, fotografiándonos de tanto en tanto a nuestro derredor, con tres grabadores funcionando sobre la mesita, conversamos durante varias horas, en un apartado y rojo salón del hotel. Hasta que llegó la hora en que él debió regresar a Córdoba. Creo que la foto adjunta testimonia el solaz de ambos, mientras enarbolamos los cigarrillos con parecido ánimo al de los guaraníes, cuando compartían la deliciosa hoja humeante en sus reuniones.

Con ambos siempre quise volverme a encontrar.

Con Miguel Ángel Estrella se presentó una oportunidad durante algún regreso, junto a una funcionaria del gobierno francés, para traer no sé qué donación. Pero el poco tiempo disponible junto al protocolo nos permitió apenas saludarnos de un modo distante. Me pareció que él ni siquiera se acordaba de mí. Ansiaba mucho escucharlo en el piano... pero cuando entré al salón, luego de un viaje apresurado en la camioneta de El Liberal, había terminado su   concierto.

Con Héctor Schmucler programamos varias conferencias, encuentros, tenidas, asados, vinos, comunicándonos una y otra vez por teléfono o por carta. Ninguno pudo concretarse.

Tal vez esos distanciamientos hayan tenido un propósito. Conservo así, intactos, dos momentos de mi vida en los cuales me he sentido singular, medulosamente   feliz.

Miguel Ángel Estrella
"LA MÚSICA HACE MEJORES A LAS PERSONAS"

A pesar de los 14 años transcurridos en París, conserva impecable esa suave mixtura de tonadas tucumana y santiagueña propia de Río Hondo, que no ha dañado ni una pizca de acento extranjero. Interroga desde la mirada, con ese candoroso desconcierto, ante cada circunstancia, propio de quienes han tenido acceso a los abismos centrales del universo, y dudan de si otra vez aquella magia no estará jugando a presentarse bajo los parpadeos de una fugaz materialidad. Amado por los pobladores de la antigua Villa, quienes hacen discreta cola para saludarlo, debemos avisar a la gente que estamos por hacer una entrevista para El Liberal. Entonces, con el fondo lejano de Mercedes Sosa desde los parlantes que se preparan para la fiesta, nos dejan conversar. Por doquier se derraman los matices rosáceos, azulados, ambarinos en el cielo, recortando unos dedos escuálidos de algarrobos y tuscas sobre el esfumado horizonte. Se adivina el zumbido de las   cigarras.

J.C.: *¿Cuándo fue que te diste cuenta de que querías ser   músico?*

Miguel Ángel Estrella: Aquí en este patio me parece que habrá sido... mi abuela se sabía sentar allá en aquella galería... ahí había unas tinajas... a cada forastero que pasaba por el camino le decía: "¡Venga!... ¡qué hace!... ¿tiene sed?..." Le daba agua y conversaba. Se enteraba de noticias de otros lugares... Si la cosa daba, ella le tiraba para que recen juntos un Rosario. Si no daba, me decía "Miguelito... venga mi changuito: cantelé al señor". Y le cantaba yo, al forastero que andaba.

Por ahí mi abuela me sorprendió en una actitud de vanidad. Y me llamó aparte para decirme: "M'hijito, yo me he dao cuenta que usted se pone muy colorado cuando lo aplauden, que le gustan los aplausos. Entonces usted tiene que considerar que si el Señor le ha dado un don para la música, es para que la viva con los demás". Pero el Nano Corte hace las casitas de árbol mucho mejores que las suyas; tal otro monta mejor a caballo que vos... Cada uno tiene su gracia; vos tenés la gracia de la música...

Y después me dijo: "Pero mijito va a ser médico, para que la cure a su abuela, y va a ser cura". Yo le pregunté: "Qué es un cura". Y dice "Es una persona muy grave". Y digo: "¿Pero los curas cantan?" "¡No, me dice, es gente muy seria!"

Entonces, yo no voy a ser cura, le digo. Porque me gusta cantar, y me gusta bailar. Ahí capaz que fue el origen... pero la vocación pianística nació más tarde. Fue cuando tenía unos doce años, en Tucumán, mi viejo me llevó a escuchar un concierto de la orquesta sinfónica de la universidad, y ahí a una pianista polaca que tocó el Concierto Nº 9 de Chopin y creo que eso fue lo definitorio... Sentir tocar el piano de esa manera me removió en el alma... mucho... Me hablaba de cosas desconocidas para mí pero que al mismo tiempo me parecían conocidas, porque las comprendía, comprendía la emoción que había en ellas.

Sentimientos... ahora sé de qué se trata, pero en aquellos "años verdes" eran música, música pura, seguramente lo comprendes...

J.C.: *¿Crees que la música tiene alguna facultad curativa?*

M.A.E.: Seguramente. No es en balde que existe la musicoterapia. Está claro que la música puede influir notablemente en el carácter de la gente, especialmente en los niños, modelando aspectos sutiles de su personalidad. Creo que es un elemento con presencia muy fuerte en la formación del ser humano. Son muy notables las diferencias entre los niños que pueden acceder a la expresión musical, y aquellos que no pueden acercarse a este arte maravilloso, por razones de pobreza o marginalidad. Creo que cuando la música interviene en la formación de las personalidades, las hace mejores, eso es seguro. Atahualpa Yupanqui, que era un hombre bastante sabio, solía decir: "si una persona escucha música de Bach todos los días, al cabo de un año es mejor persona".

Creo que tiene razón. Yo sé, por ejemplo, que la música de Bach, todas las mañanas, a mí me limpia. Es una fuente de energía.

J.C.: *¿Hace cuánto tiempo que vives en Europa?*

M.A.E.: Desde que salí de la cárcel, en el año 80.

J.C.: *¿Cuánto tiempo estuviste en la cárcel?*

M.A.E.: Desde el 77 al 80. Unos tres años y medio... primero estuve desaparecido y luego en la cárcel.

J.C.: *¿Te detuvieron en Uruguay, o en Argentina?*

M.A.E.: En Uruguay: no fue una detención, fue un secuestro. Como "se usaba" en aquellos tiempos. Una cosa clandestina, me pusieron capucha, con los ojos vendados, manos y pies atados, en la sombra... todo en la sombra, como se hacía en aquella época en Uruguay y Argentina, cuyas fuerzas de represión actuaban   juntas.

J.C.: *¿Tu formación musical te ayudó cuando estabas solo e indefenso en una celda?*

M.A.E.: Muchísimo... Fue uno de los elementos esenciales para mi salvación -o sea, para no dejarme destruir... Había cosas que quizá puedan llamarse psicológicas, que nos dotaban de fortaleza para resistir tanta iniquidad. Para mí por ejemplo, concentrarme en la composición... Imaginarme, por ejemplo, cómo Bach había llegado a componer y como había instrumentado un texto musical, y escuchar luego, también con la imaginación, la voz de mi mujer cantando ese texto... Actividades como esas me concentraban, me llenaban de alegría y de belleza adentro mío, y de tal forma, me proveían una fuerza extraordinaria para impedir que la agresión externa me dañara hasta aniquilarme.

J.C.: *¿Te agrada abordar otro tipo de música que no sea la   clásica?*

M.A.E.: Bueno, yo nací como te dije, a la música, aquí, en este patio de Vinará, cantando y bailando zambas y chacareras... bagualas. Aquí en esta casa vivió gente que cultivó mucho toda la música... La música folklórica, de aquí de Santiago, el folklore de todo el noroeste, la música boliviana, chilena, uruguaya. Y también, en esta galería solía sentarse mi tía Teresa, que vivió en esta casa hasta el 86. Tocaba la guitarra, yo... Y mi madre, en su juventud había comprado un ortofónica... no sé si vos llegaste a conocer... era un aparato a cuerda, donde se podía escuchar discos de pasta... y bueno, en el repertorio que mi vieja traía cuando iba a Tucumán, a Santiago,   me acuerdo que había muchísimas interpretaciones de Segovia, que nos embrujaba con las músicas de Albéniz, de Manuel de Falla, Granados... Bueno, toda esta música es, con seguridad, parte de mi historia cultural... yo la escuché aquí. Y hoy, cuando toco esas composiciones, a Manuel de Falla o Albéniz... es como si yo fuera un gitano... un andaluz... es un poco gracioso, ¿no? Pero esos sentimientos nacieron aquí, en este patio.

A mí me gustaba bailar, por ejemplo, escuchándola tocar a mi tía Teresa las melodías de Tárrega, las Leyendas de Albéniz... entonces por momentos creo que todo se refiere en mi historia a estas raíces, a esta matriz cultural. A Vinará. Y aquí aprendí quizás lo esencial. De una manera instintiva, ¿no?, como animalito... Éramos chicos que no teníamos ni juegos, ni "diversiones" como en las ciudades... Todo estaba racionado, porque era muy pobre nuestra familia... pero no nos faltaba   amor.

Bueno, e imaginación, ¿no es cierto? Entonces íbamos al monte, a   pasear... Jugábamos con la naturaleza. Nunca nos aburríamos. Aquí, cuando mi abuela nos ponía a dormir la siesta, para nosotros era un martirio. Y después del rezo, cuando ella empezaba a adormilarse -dormía unas siestas bárbaras, mi abuela- nos escapábamos por esa puerta... que era una puerta medio achicada pero llena de vida, además, y nos íbamos escapando uno a uno para irnos al monte. El monte nos llamaba como un imán. Con su misterio... Y porque nos imaginábamos que íbamos a ver todos esos personajes, seres extraordinarios, que un tío... un tío que era curandero, acá , (mi tío Dardo, Jiménez), nos infundía con sus relatos.

Él nos llenaba el alma y la fantasía de duendes. Y nos parecía que a todos esos personajes los encontraríamos ahí ocultos, en el monte... Nos cagábamos de miedo, y tratábamos de volver antes de que se despierten. Pero es una vida muy   intensa. Nosotros al menos, no nos aburríamos nunca.

J.C.: *¿Crees haber visto realmente algún ser sobrenatural en el   monte?*
M.A.E.: No. No.

Este... aquí... aquí solía haber...

Un verano -nosotros nos acostábamos en esta galería, y yo miraba, al acostarme, mi rostro miraba hacia el camino... y ahí había un algarrobo, y lo miré y durante muchísimo tiempo, vi salir del algarrobo a una mujer muy hermosa... Que era la viuda, pero vestida de blanco: era la mujer que había perdido a su compañero la noche de bodas (esa era una de las leyendas que nos contaban). Bueno. Y la vi muchísimo tiempo. Pero eso eran alucinaciones, naturalmente, yo   no...

Ahora, lo curioso es que cuando, después del exilio, volvimos una noche, los tres m s apegados a esta casa, que somos mi hermano Jorge, mi primo Aldo y   yo...

Era un verano terriblemente caliente, me acuerdo, y llegamos como a la medianoche. Mi tía estaba bastante enferma, y era tal el calor que nos acostamos desnudos, en la galería... y... y mirá la casualidad, en un momento, en la aurora... nos despertamos los tres al mismo tiempo... a mear, los tres... pero nos encontramos en el mismo yuyal, meando, los tres... Regresamos en silencio, pues nos impresionó eso de que nos hayamos levantado los tres, y nos acostamos de nuevo. Hasta que de repente yo me desperté gritándole a mi hermano "mirá, la viuda ha venido acompañada   esta vez". Porque la había visto salir, de nuevo, del algarrobo, pero esta vez no iba sola; a su lado estaba otra mujer... Vestían de una manera distinta, esta vez con otro atuendo, un atuendo más comprador, más mórbido, como invitándonos, a Jorge y a mí, a acompañarlas... Pero era un sueño... me desperté gritando: "hermano, abriles la puerta, que estoy en pelotas"... Y... me desperté y Jorge estaba con un mate en la mano... riéndose, me decía "¡a quién quieres que le abra la puerta!"...

J.C.: *Cuál es tu actividad normal en Francia, tu rutina, digamos, para llamarle de alguna manera.*

M.A.E.: Bueno, yo tengo una vida que no es rutinaria... me gustaría tener un poco más de rutina... Pero bueno, estoy en permanente movimiento y dispongo de mucha energía, a Dios gracias, de modo que mi actividad es fortísima, normalmente. Hago unos cien conciertos por año, de los cuales cincuenta son para vivir y cincuenta son dedicados a juntar fondos para... no solamente para Música Esperanza sino para otros programas humanitarios. Y eso implica que tenga un promedio de sesenta entrevistas mensuales -entrevistas, reuniones, conferencias de prensa, etcétera-; además tengo un promedio de treinta horas por semana dedicadas al piano. Bueno, y una vida familiar también exigente; mis hijos me requieren, yo estoy muy enamorado de mis hijos y me gusta estar presente -quizá de una manera exagerada-, tal vez la herencia de mi viejo libanés... Un padre demasiado presente, en las dificultades, en los fantasmas que rodean a los chicos de hoy, a los jóvenes, que son mucho más exigentes que las vividas por nosotros... Bueno, a mí me gusta estar presente, soy un padre cien por cien, un "padre hasta la muerte".

Es una vida, entonces, en la que no hay tiempo para la cosa quieta, pero me gustaría bastante acceder a esa quietud, que de pronto, a veces la vengo a buscar acá.

Pero también aquí se hace difícil, porque... esto ha crecido mucho y cuando vengo está convertido en una romería. Por eso es que a veces me voy a esconder en el cementerio... es el lugar en el que más gozo, en el cementerio de acá, de Vinará.

Y las noches de acá, me encantan... me encanta dormir aquí, bajo este cielo increíble de Vinará... soñar... y conversar... con mi hermano Jorge, o con Aldo, mi primo, nos encanta quedarnos hasta las dos de la mañana conversando, tomando mate... y también con los que van llevando adelante esta aventura de bien que es Música Esperanza en Vinará.

J.C.: *Qué opinas de la introducción de los instrumentos eléctricos para hacer música.*

M.A.E.: Mis hijos -ellos son músicos también-, me convencieron de comprar un teclado con equipo eléctrico... con el argumento de que es mucho más fácil entrar con él en los lugares donde es muy caro alquilar un piano, como en Buenos Aires, por ejemplo, o París. Porque nosotros no teníamos plata para distraer en eso, y con un piano eléctrico íbamos a entrar y bueno...

Pero a mí no me gusta... Qué decirte... son instrumentos, para mí, sin alma... Lo más profundo -por lo menos en mi caso- que yo puedo decir como intérprete, jamás lo podría decir con un piano eléctrico... jamás. Yo necesito una relación carnal con el instrumento. Y eso me lo da, únicamente, el piano tradicional.

Mempo Giardinelli
"EL FUTURO LITERARIO ARGENTINO ESTÁ ASEGURADO"

En diciembre de 1985 Daniel Doñate –poeta y librero, amigo, de San Francisco de Córdoba- me recomendó una novela: Qué solos se quedan los muertos. *Se la compré. Al cabo de una semana la habíamos leído mi esposa, mis dos cuñados - venidos de México por las vacaciones- y yo. Así descubrí a un escritor, que además de narrar con fluidez irresistible, nos deja en los sentimientos la sensación de alguien cálido, sensible, de refinada percepción: alguien a quien –como quería Salinger- dan ganas de llamar por teléfono. En 1987, a través de mis colaboraciones con su revista Puro Cuento comenzó nuestra relación. La primera vez que lo llamé por teléfono –en Buenos Aires- me dijo que tal vez me llevaría una decepción al conocerlo. No fue así. Apremiado por el tiempo, vino al Grand Hotel una hora antes de mi regreso a Santiago. Allí nació una empatía profunda. Durante mi último viaje a Buenos Aires me invitó a almorzar. Era un día primaveral, en pleno invierno. Luego de caminar por las serenas calles de Cohglan, llamé a su puerta al mediodía. Lo encontré con mameluco y delantal, fritando papas en rodajitas para las milanesas. En aquel sencillo departamento decorado con gusto, bajo el dorado resplandor del sol, que filtraba un cortinado a través del cual trascendían reflejos de la estación de Ferrocarril, tuvo lugar el reportaje que   entregamos a continuación.*

Julio Carreras: ¿Cómo fueron tus comienzos literarios, por ejemplo tus primeras lecturas?

Mempo Giardinelli: Tuve la fortuna de nacer en un hogar humilde, pero bastante culto. Mi padre era un comerciante que hizo de todo: fue panadero y vendedor de miles de cosas y un hombre semiletrado, pero muy sensible. Mi madre era una ama de casa muy preocupada por la cultura, que tocaba el piano, amaba el teatro y leía mucho. En mi casa había muchos libros, que se leían y comentaban todo el tiempo. La biblioteca era una de las zonas más importantes de la casa y aunque a cada rato teníamos problemas económicos, por la variada suerte de mi padre, la consigna implícita de la familia era: *"Podemos ser pobres, pero nunca   brutos".*

J.C.:¿Y tus comienzos con la escritura?

M.G.: Tienen que ver con la lectura. Creo que mi vocación, si así puede llamarse, está vinculada a mis primeras impresiones como lector. Cuando yo era chico, en El Chaco no había televisión, pero sí una tradición oral muy fuerte: la gente contaba cuentos. Mi madre, mi padre, mi hermana, los amigos, las mujeres que ayudaban en   la casa, las vecinas, todo el mundo contaba cuentos. La radio nos traía todas las tardes más radionovelas fenomenales, apasionantes. Y en las larguísimas siestas del verano no había mejor entretenimiento que contar o leer. Leí muchos libros en esos años, digamos entre los nueve y los quince: todo Monteiro Lobato, a quien adoraba; y Salgari, Verne, Stevenson, los Grimm, los Andersen, algunos cuentos de Mujica Láinez, varias novelas de Moravia, en fin, una mezcla fantástica,   ¿no?

J.C.: *Ya lo creo... pero de las mezclas suelen nacer especies nuevas... ¿tuviste siempre una relación tan variada con la lectura?*

M.G.: Sí, creo que sí. No en vano hoy me considero un profesional de la   lectura. Como editor de Puro Cuento, por otra parte, no me queda más alternativa. Sin embargo, cuando empecé a tener algún discernimiento me volví más selectivo, como a cualquiera le pasa. Lo importante, creo, es que me quedó para siempre una muy buena práctica como lector. En mi adolescencia me dediqué un poco a la poesía: a Bécquer, Darío, Nervo, Storni, Neruda, Baldomero, Tuñón y todo lo demás. Escribí algunos pésimos versos a los 13 o 14 años, enamorado de una niña, como corresponde. Me llevó algunos años darme cuenta de que como poeta yo iba a ser horroroso. Luego entré a la universidad en el apogeo de Borges, Cortázar, Sábato y el boom latinoamericano, que me leí completo cuando bordeaba los veinte años. Eso me sirvió para advertir que mi camino era la narrativa y para preguntarme qué hacía yo en una facultad de Derecho... había escrito un primer cuento cuando tenía 16 años, pero era sólo un balbuceo. Después escribí una novela a los veinte, durante el servicio militar, totalmente conmovido por *62, Modelo para armar*. Sí, mi formación fue un caos y aún hoy soy un devorador de libros caótico. Conozco mucha literatura inservible y quizás por eso es que tengo algunas lagunas literarias   imperdonables.

J.C.: *Pero sos un autor prolífico y muy original. También prolijo... se ve que elaboras mucho tu texto antes de darlo a la editorial... ¿Cuáles son las etapas de tu trabajo hasta llegar al texto definitivo?*

MG.: Creo que el único texto definitivo es el que escriben en tu lápida el día que te moriste. De manera que para mí todos los textos son caminos que nunca cierro. Claro que publicarlos es una manera de sacárselos de encima, no porque molesten, sino porque así uno puede seguir adelante. Corrijo mucho, soy feroz en la autocrítica y siempre creo que todavía es posible mejorar un poco cada texto. Pero claro, ahora estoy bastante sometido a las exigencias y apuros de los editores y de mi agente. No obstante, sigo siendo moroso, lento, vago. Las etapas, para mí, son el proceso mismo de la escritura. Por eso avanzo despacio y quito, pongo, reviso, abandono, retorno, peleo contra el autoenamoramiento, me exijo, leo y releo, cuido mis textos... Esto explica que haya tardado nueve años en escribir *Santo oficio de la memoria*. La rescribí infinitas veces. Y son 600 páginas, Dios me   perdone.

J.C.: *Pero, ¿alcanzaste lo que querías?*

M.G.: No lo sé. A veces sospecho que sí, pero no estoy tan seguro. Yo creo que un escritor no debe preocuparse tanto por *saber* determinadas cosas; debe preocuparse más por aprender y probar, por ser audaz y por saber equivocarse. El arte es un camino hacia el conocimiento, pero no siempre es un camino de encuentros. El   artista, el verdadero artista, sabe de antemano que nunca alcanzará nada, pero no por eso dejará de buscar toda su vida.

J.C.: Es notable que se te conozca mucho como un gran editor de cuentos. Claro, teniendo en cuenta el éxito de tu revista Puro Cuento, ello se explica en parte... Pero en lo personal has publicado muchas más novelas. Al escribir, ¿te sientes más cómodo en la novela que en cuento?

M.G.: Yo diría que me siento cómodo en la narrativa. Soy un narrador, un contador de historias y eso es todo. Se me ocurre una historia, observo o me entero de algo que me parece narrable y no puedo resistir la tentación de ir a contarlo. Lo demás es una cuestión de extensión. Podrá haber una infinita preceptiva para explicar las diferencias entre los géneros, pero, como dice Denevi, no se ha inventado una mejor manera de diferencias cuentos de novelas que contar las páginas que cada uno de los textos tiene. A mí eso me tiene sin cuidado. Lo que me importa es sentirme cómodo cuando escribo; y me siento cómodo cuando tengo una historia y la estoy contando. La comodidad para mí es el placer de escribir.

J.C.: ¿Qué estás escribiendo en este momento?

M.G.: Estoy escribiendo mucho, muchísimo. Quizás porque estuve todos estos años en completo silencio editorial. Hacía seis años –desde el 85-, que no publicaba nada nuevo, concentrado como estuve en trabajar en *Santo oficio de la memoria*. Pero ahora me sucedió algo curioso: entregué la novela a mis editores en mayo pasado, estuve unos meses paveando y sin poder escribir ni una carta, hasta que de repente se me destaparon las cañerías y ahora estoy metido en varios proyectos. De hecho son tres libros: uno de cuentos que se llamará *Resistencia by night*; otro de minificciones que se titulará *El laberinto y el hilo* y un tercero que ya estoy terminando porque me apura la gente de Puntosur y que se titula *Así se escribe un cuento* y que es un conjunto de entrevistas, ensayos y variaciones sobre el género. Y además, claro, siempre estoy escribiendo algún artículo periodístico, algún ensayito, alguna conferencia.

J.C.: ¿Tu escritura ha cambiado en estos años?

M.G.: Sí, sin duda. Uno siempre va cambiando. En esta etapa de mi vida, pasados los 40 años, creo que estoy saldando cuentas pendientes conmigo mismo, con mi historia personal, mi país y mi propia obra anterior. Saldar cuentas quiere decir que estoy procurando cerrar ciclos, calmar obsesiones, matar fantasmas. Quiero cambiar de mundo narrativo, imaginar más y atreverme a buscar y experimentar. Creo que es una buena propuesta para la madurez. Pero antes, claro, hay que cerrar los ciclos y eso es lo que estoy haciendo. El exilio es uno de ellos y quiero cerrarlo: porque terminó en mi vida personal y porque ya es suficiente en mi obra, atravesada hasta aquí por esa y otras obsesiones. Por esa razón, supongo, *Santo oficio de la memoria* es una novela sobre un retorno, que es la otra cara del exilio. Lo mismo me pasa con la violencia, que es otro *leit-motiv* permanente en mis libros. Esta novela es, por eso, una reflexión posterior, acaso final, sobre la violencia. La muerte es otra constante en mi obra y necesito acabar con ella literariamente. La detesto, a la muerte.

J.C.: Esa pluralidad de inquietudes... ¿es la razón para que esta novela haya alcanzado las 600 páginas?

M.G.: Es posible. Acaso me resultó inconscientemente inevitable. Uno siempre está cerrando cuentas. Fijate que *Santo oficio de la memoria* me salió una novela compleja y difícil (yo sé que es difícil y que impone una lectura lenta y ardua) sencillamente porque ahí intenté saldar cuentas con la historia argentina y con la prehistoria que es la inmigración. Por ser de un país aluvional como el nuestro, quise reflexionar sobre el fenómeno inmigratorio porque –supongo- necesitaba explicarme de dónde provenimos. Si la literatura es aquella discusión interminable sobre la libertad, como decía Sartre, yo necesité evaluar mi propia Libertad. Por lo tanto, quise parir una novela optimista, divertida, una novela festiva, porque me parecía que era la única manera de saldar cuentas tan voluminosas.

J.C. : *Y qué esperas que suceda, ahora...*

M.G.: Lo que uno siempre espera, por mucha fama y reconocimiento que te regale la gente, es que la obra sea bien leída. Creo que *Santo oficio de la memoria* es diferente de todo lo que hice hasta ahora, al menos tiene una intensidad en la prosa y una audacia narrativa que mis anteriores novelas no tenían. No reniego de nada de lo hecho hasta ahora, quede claro, pero vos ya sabés que los escritores siempre pensamos que nuestra mejor obra es la última que se ha publicado. Ojalá que en este caso sea efectivamente así.

J.C.: ¿Con qué escritores te sientes más en deuda? ¿Puedes nombrar algunos?

M.G.: Con todos los que he leído en mi vida, que son muchísimos. Claro que yo he crecido y he cambiado, como cualquiera. Y ya sabemos que no siempre los autores que fueron fundamentales en una época de tu vida van a serlo en otra. Pero sí digo que a cada libro que leí le saqué algo de jugo, aun a los peores escritores, que al menos me enseñaron, involuntariamente, lo que *no* había que hacer... Pero me parece que un escritor, en realidad, tiene deudas no tanto con los autores como con los libros que ha leído. Por otra parte, cabría distinguir los escritores que me gustan, de los que admiro y de los que me han influenciado. No son muchos los que figurarían en las tres listas, pero forzado a mencionar nombres diré Kafka, Quiroga, Harte, Rabelais, Borges, Rulfo, Mann, Silvina Ocampo, Cervantes, Cortázar, Guimarães Rosa, Carpentier, Maupassant, Chejov, Hemingway, Filloy y últimamente me deslumbró el mexicano Fernando del Paso. Como ves, es una lista caótica y seguramente injusta. Mañana voy a estar pensando en los veinte autores que no mencioné...

J.C.: *¿Y de los nuevos escritores argentinos?*

M.G.: Me gustan varios y quisiera mencionarlos a todos, aunque temo que acaso cometeré otro injusto olvido. Pero creo que Miguel Ángel Molfino, José Gabriel Cevallos y Carlos Roberto Morán son tres excelentes cuentistas que espero que alcancen muy pronto el reconocimiento que merecen. También espero que lleguen a publicar Mónica Soave, Estela Cerezza y María del Pilar Gallardo. Otro autor interesante y bastante joven, es Guillermo Martínez. En fin: creo que el futuro literario argentino está asegurado, porque a estos nombres podríamos agregarle una docena más, de gente entre 18 y 40 años, que están haciendo una obra notable.

Julio de 1991.

Karl Otto Apel
EL DIÁLOGO ENTRE POBRES Y RICOS NO SÓLO ES POSIBLE, SINO EL ÚNICO CAMINO

La entrevista con el Dr. Karl Otto Apel, uno de los filósofos más destacados del mundo, se efectuó en la confitería del hotel Centro, donde el alemán se alojaba. Unos días antes, el Dr. Antonio Kinen, decano de la facultad de Humanidades de la UNSE, me había llamado por teléfono invitándome a efectuarla. Por un afortunado diálogo con cierto colega de Buenos Aires, el profesor Kinen se había enterado de la venida de Apel para una fecha próxima –por cierto, a la capital de Argentina-, luego de la cual viajaría a Chile. Lo unía con el célebre filósofo su condición de alemán y una relación establecida en casas de altos estudios en la madre patria. Inmediatamente lo llamó por teléfono, sin fijarse en gastos. Apel no sólo aceptó venir a Santiago, por deferencia hacia Kinen, sino también hacerlo en primer término, antes de viajar a Buenos Aires y desde allí a Chile, donde su periplo debía   finalizar.

Intérpretes: Kristine Shindler y Luis Ruiz Pesce

J.C. : Doctor Apel, los lectores de nuestro suplemento, por tratarse de un diario, constituyen un público masivo. Debido a ello le haré algunas preguntas orientadas a cuestiones más bien prácticas, que puedan servir para la reflexión de   todos.

Dr. Apel: Me parece muy bien.

J.C.: Los modelos de desarrollo aplicados actualmente en los países latinoamericanos, se inspiran en las pautas del capitalismo europeo y norteamericano. Pero estos modelos parecen haber llevado al conjunto del mundo rico a una mayor separatidad e individualismo de sus componentes, lo cual actúa como un elemento potencial de disolución...

Dr. Apel: Eso sucede en todas partes donde el capitalismo se   aplica...

J.C.: ¿Qué actitud tiene la filosofía, ante un mundo que se presenta en crisis aguda, y qué alternativas se podrían plantear?...

Dr. Apel: Primero debo aclararle que no debe decir «la filosofía»; existen muchos filósofos y diversas concepciones, y yo sólo hablaré desde *mi* punto de vista. Nosotros, en Europa, hemos tenido recientemente el quiebre del socialismo estatal, en los países del Este; también hemos vivido la reunificación alemana, hace muy poco. Para mí ya queda claro que el sistema del marxismo-leninismo no funciona. No hablo de los aspectos abominables que presentan aplicaciones como el stalinismo, por ejemplo, sino de que el sistema mismo es incapaz de movilizar las energías   humanas.

Pero eso no significa que todo lo que se sostiene como crítica hacia el capitalismo, desde el marxismo-leninismo, haya perdido su validez. En el 89 o 90 se hablaba ya del definitivo triunfo del capitalismo... Hay un libro de Fukuyama expresando que hemos llegado al *fin de la historia*, con el triunfo del capitalismo, particularmente en su aspecto económico y político. Yo también diría que no tenemos ninguna alternativa, por ahora, a la economía de mercado.

Eso no significa que no sean necesarias y posibles ciertas reformas: yo no creo por ejemplo que el capitalismo, tal como existe ahora, pueda regular satisfactoriamente las relaciones entre los países del Sur y del Norte, es decir, entre los países pobres y sus interlocutores ricos. Uno no tiene que ser un adepto a la «Teoría de la Dependencia» - que tuvo mucho predicamento en los últimos años aquí-, para constatar que, cada vez más, los pueblos ricos son más ricos y los pueblos pobres son más pobres. La cuestión consiste en quién es culpable; y yo no estoy seguro de que la culpa sea *sólo* del Norte.

También hay que hacer una distinción entre los países «en desarrollo», porque en Asia Oriental actualmente se está dando un «boom» de desarrollo económico. La peor situación la atraviesa sin duda el África, pero también en América Latina hay situaciones de extrema pobreza. Es conocido para mí que en el Brasil, por ejemplo, alrededor de 40 o 50 millones de personas viven *por bajo* de la línea de la pobreza.

Hay para eso muchas razones. Pero una de ellas, a mi juicio, es el marco de condiciones que ofrece el sistema económico mundial. Como usted mismo ha apuntado, existe la cuestión de que el sistema, el «sistema marco» del capitalismo, genera más bien una actitud no-solidaria, y eso está asociado directamente con su basamento en la competencia. Yo voy a señalar algo negativo del sistema capitalista, pero antes de mencionar ésto, voy a mencionar algo negativo del «Tercer Mundo».

Max Weber ha señalado ya que había no sólo condiciones jurídicas sino condiciones morales para el funcionamiento del capitalismo (lo he analizado en mi libro *El espíritu del protestantismo y la ética del capitalismo)*.

Una condición para el funcionamiento del sistema capitalista es el sostenimiento de un Estado de Derecho. Un empresario debe distinguir, en este contexto, entre la familia, la empresa y el Estado. También un político debe poder distinguir eso. Quedó claro que Collor De Melo no supo distinguir entre estas tres cosas. Una de las condiciones necesarias para el funcionamiento del sistema capitalista es estar libre de corrupción.

Otra de las condiciones para el funcionamiento del sistema capitalista son los términos del comercio. Un ejemplo bueno es el de las negociaciones del GATT, en el que hay muchas tensiones y fricciones entre los Estados Unidos y Japón, entre Estados Unidos y la Comunidad Económica Europea, entre la Comunidad Económica Europea y el Tercer Mundo, por el proteccionismo económico respecto de los productos agrícolas que se sostiene en esas negociaciones. Pero eso no debe impedir las conversaciones.

Desde la época del colonialismo, existen evidentemente unas condiciones que son desfavorables para los países del Sur. Yo veo una asimetría entre la provisión de materia prima y los productos agropecuarios que exporta el Sur y los productos tecnológicos que maneja el Norte, siempre de un modo desfavorable para el Sur y favorable para el Norte. Esto no es afirmado solamente por quienes son adeptos de la *Teoría de la Dependencia*, sino también por quienes están a favor del capitalismo, como Toffler, quien sostiene que el proceso industrial y tecnológico trabaja a favor de los países industriales.

Eso afecta en diversa medida a los países del Tercer Mundo. Argentina no está entre los países típicos de los «pobres» del Tercer Mundo. De similar manera, el sistema afecta en forma diferenciada, no de la misma forma, a la población de estos países. Hay que distinguir entre las masas empobrecidas de los países subdesarrollados y sus elites ricas, que son dependientes del sistema internacional.

Se conocen bien las diferencias que hay entre pobres y ricos en todos lados. Aunque en Brasil, tomemos el caso, estas diferencias son mucho mayores, según mi conocimiento, que las que hay en Alemania, por ejemplo. Pero lo peor, para mi criterio, es cuando esas elites ricas de los países del Tercer Mundo, no sólo sustentan esas relaciones dependientes de las empresas multinacionales, sino que la ganancia obtenida la colocan luego en un banco suizo. Eso es para mi modo de ver una verdadera traición a la Patria. Esto es sólo un ejemplo; pero un ejemplo puede ser clave, para mostrar cómo se comportan estas elites, relacionadas con una traición a su propia identidad, pues están desconociendo los intereses de la nación de donde ellos mismos son originarios.

Hay dos actitudes distintas que se toman: una, la de los del Norte, diciéndoles a los del Sur que esta situación de desequilibrio está producida por los mismos países pobres. «Pongan su casa en orden y se solucionará el problema», sostiene esta postura. Pero los adeptos a la Teoría de la Dependencia dicen que la culpa no es sólo de los que gobiernan aquí, sino que también viene de las políticas aplicadas en el Norte.

Aunque no es posible entrar en demasiados detalles quiero señalar algunos puntos. Por ejemplo, que después de la quiebra del Socialismo de Estado, en Europa del este recién están emergiendo y conociéndose a la luz los problemas *reales* que tiene el sistema económico de esta región, los cuales también son un problema mundial. Y el peor de los problemas es que ese empobrecimiento de los países subdesarrollados está íntimamente enlazado con el deterioro ecológico del mundo entero. Si estas «condiciones marco» estructurales no son cambiadas, los países pobres van a arruinar su medio ambiente para pagar las deudas que tienen.

Estos problemas afectan no sólo a los países pobres sino a todos, porque a raíz de ese deterioro de las condiciones de vida, se produce también un movimiento migratorio compulsivo, en el cual los pobres del sur emigran hacia el norte, como sucede a través del Río Grande, y los habitantes del Este europeo lo hacen hacia el Oeste.

Yo no estoy hablando de que se deba dar un proceso de revolución, un proceso que revolucione la economía de mercado; eso, en la práctica, *no* se va a dar. Esos procesos revolucionarios de las economías de mercado han llevado en los últimos años a catástrofes, y los principales afectados han sido los pueblos pobres. Pero hay muchas posibilidades de *reformar* el sistema de economía de mercado. Esto puede lograrse, a través de negociaciones. Siempre manteniendo una relación estrecha entre las condiciones económicas y las condiciones ecológicas.

J.C. : Me parece percibir una continuidad entre el protestantismo, el capitalismo y el socialismo marxista, como planteos ideológicos de un sistema que pone su acento principalmente en la productividad...

Dr. Apel: Es así; mas yo distingo dos fases del capitalismo; uno el capitalismo comercial, en el cual los principales protagonistas o agentes eran España y Portugal y el capitalismo industrial, conducido principalmente por anglosajones y germanos. Hay una diferencia muy importante, que marca Darcy Ribeiro, entre los capitalistas de allá y los capitalistas de aquí. Porque mientras los capitalistas de aquí, de Brasil por ejemplo, no han trabajado nunca, han tenido esclavos que hacían las cosas para ellos, los capitalistas de allá, *sí* han   trabajado...

J.C. : La socialdemocracia, que es un sistema actualmente aplicado con matices en casi todos los países europeos, también ha desarrollado una sociedad en la cual hay una distribución más equitativa de los bienes que en el capitalismo puro. Sin embargo, al parecer tampoco este orden da satisfacción plena los ciudadanos. Le hago dos preguntas. Una, si esta cuestión de poner el acento principal en la producción, y valorar al hombre únicamente como «componente productivo» del sistema, no será el eje del problema... Y dos, qué opina de las alternativas que se están presentando desde las ciencias, particularmente desde la física, tomando el presupuesto de la interdependencia de la materia... Desde esta óptica, habría una conexión *real* entre todo lo viviente, a través de frecuencias, demostradas teóricamente por la física cuántica... esta interdependencia nos pondría en la situación práctica de que si alguien le quita algo a otro, *materialmente* se estaría quitando también a sí mismo... seguramente tal cosa plantearía otros puntos de vista, novedosos, a la   ética...

Dr. Apel: Vamos a tomar el tema en dos planos; el primero, económico, a través del cual podremos ver como, en Alemania, las cuestiones sociales y económicas están siendo tratadas de un modo serio y reciben soluciones eficientes. Hay una economía de mercado, que funciona bien, y hay una red de servicios sociales que es quizá la mejor de Occidente. Eso, aún en el primer plano que estudiamos, no responde cuál es el precio por el empobrecimiento del Tercer Mundo que se está pagando. En el segundo plano, no me parece un argumento muy fuerte el preguntarse si los hombres son más o menos felices en el sistema que usted describió. Lo que sí me parece más fuerte como argumento, es la cuestión de que todo el sistema capitalista mundial funciona con la premisa del crecimiento, crecimiento tecnológico, económico,   etcétera.

Ahora, en qué medida ese propósito de crecimiento constante y permanente es compatible con las posibilidades ecológicas, ese es un argumento más fuerte para interrogarse. Le voy a contar una anécdota. Estaban reunidos varios presidentes, científicos y estudiosos en un programa de televisión. Estaba el presidente de Alemania, el presidente de Checoslovaquia y el presidente de Zimbabwe, y un científico les formula la siguiente pregunta: ¿Qué pasaría si todos los habitantes de China pretendieran tener un auto, como pretenden todos los europeos? Eso seguramente conduciría a una catástrofe ecológica, concluyó el mismo que hacía   la pregunta. El presidente de Alemania desestimó contestar la pregunta, el de Checoslovaquia igualmente... pero el presidente de Zimbabwe dice: «Nosotros también queremos tener un auto, como los europeos, pero seríamos más cuidadosos con la naturaleza».

Pero eso -digo yo- no es un argumento válido como garantía. La pregunta es si constituye algo lícito que se continúe con este tipo de crecimiento. Es una pregunta moral. Y no sé si nuestro sistema democrático puede contestar a esas preguntas. Los filósofos deben distinguir entre «standard de vida» y «calidad de vida» y no poner al mismo nivel el standard de vida con la calidad de vida.

J.C. : Usted qué opina de las alternativas que, ante el megacapitalismo, se presentan desde proyectos de pequeñas comunidades autosuficientes (Aldous Huyley, F. Schumacher). Ellas lo hacen ante relaciones comerciales y de producción que en el sistema actual se vuelven engorrosas, por la magnitud de las distancias. Por ejemplo, un producto casi da la vuelta al mundo para llegar desde Taiwán, donde se produce, hasta Buenos Aires. La magnitud de la estructura que hay que movilizar, la inversión para desarrollarla, etcétera; ¿no aconsejaría la conformación de circuitos de producción pequeños, «a escala humana», en pequeñas ciudades bien comunicadas, que intenten generar esos mismos productos?

Dr. Apel: Conozco la propuestas de comunidades autosuficientes, descentralizadas, con autarquía política y organizadas eficientemente. También el pensamiento de Schumacher; son posiciones que se vienen sosteniendo en los últimos tiempos. Yo no estoy en condiciones de responder de una manera muy segura a esto, pero... creo que estas propuestas son un poco idealistas... no son practicables...

Me parece que no se puede disolver el sistema económico mundial: estamos todos en un solo bote por primera vez en la historia, y creo que ante la gravedad del peligro que acecha a la tierra, desde el punto de vista ecológico, no podremos salir adelante si no es *todos juntos*, en forma cooperativa.

J.C. : Yo percibo una crisis profunda en las relaciones de producción dentro del mundo desarrollado. Todos los imperios de la historia, desde el sumerio hasta los imperios más cercanos del siglo pasado, se derrumbaron a causa de sus profundas contradicciones internas, que impedían su cohesión política. En ésto se basó su decadencia, más que en acosos externos... Ahora, la situación se presenta con una acumulación de poderío bélico tan tremendo por parte de los imperios, que las crisis de ellos pueden significar, en cualquier momento, la desaparición del mundo... Respecto de esto también le preguntaba hace rato, cuáles alternativas se preveían desde los países ricos para esta posible desaparición del mundo habitable, por una guerra... Que creo que usted no considerará absurda, pues Alemania misma ha servido, durante todos los años de guerra fría, como una casamata armada de «contención al avance del comunismo», y en Europa seguramente es el país que mayor cantidad de misiles ha acumulado en los últimos tiempos...

Dr. Apel: Puedo corregir esto que usted dice, porque *no ha sido Alemania* quien ha instalado esos misiles... El peligro de la desaparición de la civilización por una guerra nuclear, en realidad yo no lo veo más ahora... Ahora creo que está más lejos que nunca. El verdadero peligro que veo en la actualidad es el de muchas pequeñas guerras, que se montan sobre el renacimiento de los nacionalismos; y reside tal peligro, en que este potencial nuclear, que sigue existiendo en los países desarrollados, sea vendido ilegalmente para servir a estas pequeñas naciones en guerra. Pero el peligro principal, lo reitero, es perceptible en la cuestión ecológica. Es decir, en la compulsión que lleva a los más pobres a atacar su medio ambiente, para responder a las exigencias de sus deudas con los más ricos.

J.C. : Dentro de ese punto de vista del «mismo bote» en que estamos, como usted lo graficó, qué opina del hecho comunicacional, es decir la circunstancia de que a través de las comunicaciones satelitales, hoy una persona de un pequeño pueblo de América, que posea ciertos medios, puede estar igual -o mejor- informado que algunos habitantes de Europa... Cómo cree usted que influye dentro de la cultura actual de la humanidad y su proyección de futuro...

Dr. Apel: Esta pregunta nos lleva al tema de lo positivo y lo negativo en los medios de comunicación. Hay mucho de positivo que se puede decir y también mucho de negativo... Dentro de lo positivo, está la posibilidad que dan a la humanidad de sentir los problemas y las dificultades que aquejan al otro, lo cual le otorga ocasiones de acudir en ayuda de forma solidaria. Por ejemplo, el poner en pantalla a una mujer muy pobre con sus niños en brazos, o a la imagen de la pobreza de los niños que se mueren de hambre, es un recurso positivo, porque advierte e informa a los más ricos de las necesidades acuciantes de otras gentes, en esencia iguales a ellos, y permite la posibilidad de alentar la solidaridad internacional. Entonces, al suscitar en los ricos la conciencia de estos problemas, se dará un   acercamiento.

Otro aspecto positivo, es que a través de los medios de comunicación masiva podemos ayudar a visualizar los problemas ecológicos... la cuestión del ataque a la capa de ozono, de la destrucción de bosques o ríos, puede ser difundida de una manera extraordinaria y ayudará a tomar conciencia sobre ello.

En lo que se refiere a lo negativo, tenemos el problema de la manipulación que se da. Los chicos de los países del Tercer Mundo están viendo sexo, violencia, y también la riqueza de los países desarrollados... No pueden hacer otra cosa que tomarlos como modelos, a través de esa manera de informar. De esa forma se genera hacia los chicos del Tercer Mundo una seducción... un tipo de seducción perversa, a partir de su sensualidad desde planteos negativos como un camino de salida. También se suscita frustración, violencia, pues el confort exhibido no es generalmente alcanzable para tales televidentes del Tercer Mundo por   ahora.

Y por otro lado, este aspecto negativo genera reacciones, como los fundamentalistas islámicos, por ejemplo, quienes ven que frente a esa invasión de ideología negativa recibida, la única solución posible es prohibir y rechazar de plano todas las culturas y civilizaciones que no sean las de ellos.

Septiembre de 1993.

Héctor Schmucler

Galopar, hacia un futuro que se concreta esencialmente hoy

Pocas veces un intelectual argentino se ha expresado con tan precisa profundidad en sus escritos. Los libros e innumerables artículos de Héctor Schmucler, además de arrojar claridad sobre temas esenciales del pensamiento científico, resultan agradables, fáciles de leer, aunque no se los comprenda del todo, a veces, en una primera lectura. Su magia reside sin duda en que están muy bien redactados, pero principalmente en algo misterioso: el talento de su autor, virtud de la cual ya percibieron los antiguos que "natura non presta". Ese talento, proviniente de indeterminables yacimientos internos, dota indudablemente también su poderosa personalidad. Ella se impone, no sólo por su elevada estatura, sino por un magnetismo que irradia este hombre que, a pesar de haber perdido un hijo en manos de la última dictadura militar argentina, ha dejado fuera de entre sus sentimientos el rencor. Durante un encuentro internacional de educadores universitarios, organizado por ADIRA (Asociación de Diarios del Interior Argentino) tuvimos oportunidad de dialogar largamente con Schmucler, una de las mentes más lúcidas del mundo contemporáneo. A continuación, un extracto de aquel meduloso diálogo.

J.C.: Hace dos semanas estuvo en Santiago un alemán, Karl Otto Apel, filósofo sustentador de la Etica del discurso. Parece que desde su punto de vista, no hay alternativas a la sociedad de mercado, respecto a las posibilidades de desarrollo para el conjunto de la humanidad. Él coincide con Fukuyama; es decir que se han agotado otras posibilidades que no sean las del capitalismo... un capitalismo moderado... en el cual, se pueden hacer reformas. Lo plantea como una manera, digamos, «pacífica», de desarrollo... qué opinas sobre este planteo...

Héctor Schmucler: Yo creo que es un planteo... como dicen ahora, «realista». Es decir, si uno observa el mundo como está hoy marcado por esta tendencia del mercado, por la no-competencia de sistemas opuestos, cosa que existía hasta hace algunos años, lo previsible (no lo que seguramente va a ocurrir, sino «lo previsible») para los próximos años es un desarrollo cada vez más planetario del modelo mercantil capitalista, con estas formas que tiene en este momento, ¿no? Bien, si uno lo mira de ese modo, sí, tiene que decir que difícilmente pueda pensarse otra forma de organización social, económica, que ésta existente. Esto es así, esto es realista.

Pero también es realista decir que existe el SIDA -que es una enfermedad que hace algunos años no se conocía-, que aumenta el número de infectados en el mundo, que todavía no hay ningún remedio eficaz conocido... Bueno, todo esto se puede decir. Doy el ejemplo del SIDA porque, el hecho de que sea así, no tendría que llevarnos precisamente a celebrarlo. De manera que, en ese sentido yo creo que es cierto. Que es cierto lo que dice Fukuyama... que hemos como «concluido», algo. Bueno, a veces, existe la idea de que cuando uno acepta algo, acuerda con eso que aceptó. No, uno puede aceptarlo y... no estar de acuerdo.

Y también tenemos que aprender -cosa que nos resulta difícil a los de este siglo, donde la razón cree manejar todas las riendas del mundo- nos resulta difícil aceptar que sí, hay épocas nefastas... hay épocas nefastas. Por qué no vamos a aceptar ésto si a veces uno reconoce en su medio, en uno mismo, en una sociedad determinada, que hay épocas que uno no quisiera que ocurran. Pero el hecho de que uno no quisiera que ocurran no tiene por qué llevarnos a negar esa   realidad.

Entonces, es cierto, estamos ante lo que un escritor que yo admiro mucho -se llama Joseph Steiner- llama el epílogo... estamos en una época de epílogo, de   final.

En síntesis: yo digo que sí, que es cierto... ¿Qué hacemos cuando eso es cierto? Hay dos posibilidades. Que nos guste, y entonces estimularlo, cosa que ocurre; o que no nos guste. Y si no nos gusta, lo peor que podríamos hacer es cerrar los ojos. El hecho de que no nos guste no quiere decir que lo podamos modificar. Por eso es que hablo, a veces, de épocas nefastas. Pero si decimos «esto no nos gusta» (porque uno tiene otro modelo de ser humano, de sociedad, etcétera) el primer paso -no sólo como un esquema intelectual, sino como actitud para poder actuar ante el mundo- es reconocer lo que está pasando.

Así es como yo creo que es verdad lo que dice. De ahí a creer que todo lo que sea verdad es bueno, o todo lo que ocurre es lo único que puede ocurrir, creo que media un trecho muy largo, ¿no? Entonces, efectivamente hay una fuerte tendencia, de la cual Apel y Habermas, que es el más conocido de todos los que de ahí surgen, de todo ese pensamiento alemán, representan un sentido de *realismo* que tal vez por concepción o por razones históricas o quién sabe por qué aceptan lo que sucede como *lo que necesariamente tiene que ocurrir.*

Yo no sé si lo que está ocurriendo es lo que necesariamente tuvo que ocurrir, o había otros caminos para la humanidad. Por qué agarramos por este lado y no por otro, eso ya es difícil saberlo.

Pero en lo que yo no estoy de acuerdo es en cierta resignación. En cierto decir «así es y no puede ser de otra manera» y entonces querer encontrar en ese espacio, en este mundo que se ha construido, tal cual como es, las mejores formas de existir dentro de estas estructuras, como única posibilidad de mejoramiento. Yo creo que no; yo creo que hay posibilidad de una crítica radical a ésto, aún cuando -insisto- no podamos después de esa crítica decir «podemos cambiarlo». Pero ya el hacer la crítica, ya tomar conciencia, es una manera de empezar a cambiar. Lo terrible, es lo otro, es la aceptación generalizada («esto es lo único posible, por lo tanto no miremos los aspectos negativos, sino aceptémoslo como el espacio donde los hombres tienen necesariamente que vivir»). Ahí, ya no coincido con este pensamiento de «realismo» en la visión de la sociedad contemporánea.

J.C.: *¿Se podría interpretar esto que dices como una especie de «desensillar hasta que aclare» para los pensadores de los países subdesarrollados, que han sufrido derrotas en el campo de sus propuestas independentistas, observar cómo se   desarrolla*

Héctor Schmucler: No, no, no soy partidario de «desensillar hasta que aclare»... porque no creo en el futuro... Mirá lo que digo... Yo no creo más que en el presente. ¡En el presente se realiza el futuro! No hay un futuro del que «hay que ver cómo llega», pues *quién* lo hace a ese futuro... El futuro no lo hacen los hombres como se les da la gana, eso ya se sabe. Pero sin los hombres no hay existencia.

Yo creo que esto es un grave error de mirada que nosotros mismos teníamos; digo, cuando hace algunos años pensábamos en la posibilidad de ciertos cambios, dentro de la sociedad, a partir de elementos muy similares a la sociedad que existe, y a una concepción de la sociedad bastante similar. Yo creo que ahí estaba nuestro error: que nosotros siempre apuntábamos al futuro. Sin darnos cuenta de un hecho fundamental: todo se realiza en el presente: también el futuro. No hay un futuro distinto al presente que vivimos. En ese sentido: ¡no, para nada «desensillar»! Al contrario: ¡galopar!... Pero galopar para el lado que hoy cierta experiencia nos puede indicar como el correcto.

A ver qué quiero decir, para ser más explícito y más concreto: quiero decir que hasta hace algunos años se sabía que había, básicamente, dos grandes modelos posibles en el mundo contemporáneo (uno era el capitalismo, que dominaba gran parte del mundo y otro era el modelo socialista). Digo, si antes estaba eso, pareciera que al haberse derrumbado el otro modelo, le dio la razón al modelo triunfante...

El problema que se me plantea, esto yo lo digo porque era un entusiasta del socialismo... viendo los elementos profundamente negativos que la sociedad capitalista tenía y tiene yo pensaba que era otro el camino, y era la negación de este sistema económico que hacía que la gente viviera de una manera que a uno no lo satisfacía. Y yo creo que ahí estaba el error (por lo menos para mí). Quiero decir, un error de mirada: creer que uno estaba trabajando para que un modelo económico cambiara la sociedad, para que cuando esa sociedad fuera distinta el ser humano fuera distinto. Es decir era una pura apuesta al futuro. «En el futuro la sociedad va a ser de otro tipo y por lo tanto la gente va a ser de otro tipo». Digo, ahí me parece que hay un grave error; por dos cosas fundamentales: una, porque lo que estábamos construyendo no era, al margen de nuestro deseo, no era esa sociedad que imaginábamos. Una sociedad cuyas pautas fundamentales no diferían demasiado, como dije hace rato, culturalmente no diferían del modelo capitalista.

El segundo error era creer que cuando existiera esa sociedad, automáticamente iba generar otro ser humano, mucho más adecuado para nuestro criterio. Este era el otro error, y me parece que grave. Digo porque la experiencia no muestra que sea así.

Pero además, lo que ignorábamos es que nosotros vivimos *esto*... Quiero decir que nuestra existencia no se realiza en lo que va a ser en el futuro sino en cómo hoy mismo nosotros pensamos, cómo hoy mismo sentimos y actuamos. Y según lo que hoy hagamos ese mundo futuro será distinto.

Pero por qué preocuparse por el mundo futuro, si es *nuestra* vida la que se decide hoy... Yo creo que ahí hay una gran trampa de la razón y una gran trampa de la historia. Postergar todo al futuro; como la zanahoria del burro, ¿no? Tiene atada la zanahoria y el burro sigue andando... El afán de llegar a algo que *no es* nada. Esta idea, «trabajemos para el futuro», «hagamos para el futuro», «vivamos para el futuro», una idea básicamente del sistema capitalista... Cuando nace el sistema capitalista, cuando nace el modelo mercantil de existencia, todo se proyecta al futuro: la razón es el futuro y no *la vida*.

Y me parece que este es un tema fundamental que hoy mismo deberíamos tener muy en cuenta, por eso, retomo aquello: no desensillar: *vivamos de manera distinta*. Si vivimos de una manera distinta vamos a realizar lo único que es importante: vivir de manera distinta. Porque no sabemos del futuro.

Y no es que no nos preocupe el futuro, atención. ¿Por qué a uno le preocupa el futuro? Bueno, porque hay un sentido de continuidad de la especie, hay un sentido, también, generoso, hacia lo que viene... Pero solamente va a existir ese otro mundo si *hoy* somos distintos. Y vuelvo a insistir: nadie vive por *lo que va a ser*. Más aún: cuando los que pensábamos de la manera que describí recién, los que éramos revolucionarios, los que queríamos una transformación del mundo, hablábamos permanentemente del futuro, en realidad, lo que nos preocupaba era lo que estábamos viviendo. Nos preocupaba en el sentido de que «nosotros éramos esto». Nosotros éramos revolucionarios, éramos idealistas, cualquiera de los nombres que le quieran dar... nosotros *dábamos la vida*... pero el dar la vida es el presente... Y a veces gozozamente, muchos de los que pensaban como nosotros dieron la vida, y la dieron por lo que estaban viviendo....

Yo creo que ahí, en tirar todo al futuro hay una confusión muy grande, ¿no? Entonces; no es quedarse de brazos cruzados, no es ponerse a mirar, sino empezar a *hacer otra cosa*. Cuando nosotros decimos esto que estamos diciendo ahora, o lo que hablamos esta mañana, en fin; ésto es el presente... es decir «miremos de qué se trata»... No aceptemos como que todo «se nos viene» a nosotros. No, si el mundo es como es, es porque los seres humanos lo hicieron así...

Un habitante pasajero

Héctor Schmucler: Esta idea de que los seres humanos hicieron así el mundo es muy importante que la tengamos en cuenta. Porque si no, podemos creer que las cosas, quién sabe cómo, mágicamente, se nos vienen encima. No. Nada de lo que existe, de lo que existe culturalmente, ha dejado de ser constituido por los seres humanos. El interrogante (redondeo esto) el interrogante más grave es: «qué son los seres humanos». Es decir, en qué se mueven los seres humanos.

Porque los seres humanos tampoco hacen lo que quieren. Pertenecen también, tal vez, a otro orden mucho más global, al orden del universo, al orden de lo cósmico. El ser humano no es «el dueño del mundo». Es un simple habitante pasajero de esta gran casa que es el mundo; pero no es más que un habitante pasajero, por lo tanto no puede hacer lo que quiere. Tiene que tener conciencia de ello, de que es un habitante pasajero. Por lo tanto, que van a venir otros habitantes, por lo tanto que no puede destruir -no debe destruir- la casa en donde vive.

J.C.: *Dos preguntas, por lo menos, se me han ocurrido mientras hablabas... La primera es de orden histórico... Desde que la humanidad comienza a organizarse en Estado, hay una cuestión muy importante en las relaciones entre los que habitan ese estado, y es el control que establece el poder (originalmente establecido por medio de la fuerza y luego perfeccionado con legislaciones y filosofías, legitimantes de la relación entre gobernantes y gobernados). Pero ahora me interesa el tema del control; a partir del surgimiento del capitalismo, cuando se desbarata en dos o tres siglos el sistema medieval, uno de los elementos centrales del control por parte del nuevo sistema es la fábrica. Y la ciudad como auxiliar y representación superestructural de la fábrica... Dentro de ella los sistemas represivos, las cárceles, hospitales psiquiátricos, etcétera, para controlar a aquellos rebeldes que no aceptan el sistema e intentan modificarlo. A lo largo de la historia las grandes modificaciones han sido planteadas sin embargo, principalmente por los rebeldes. Desde ese punto de vista es ahora mi pregunta: cuál es la forma de «cabalgar» a que vos te refieres cuando dices que tenemos que cabalgar activamente, en un presente del cual percibo se van modificando los métodos de control, sustituidos por medios que parecen ir estableciendo un control genuino del pensamiento, para hacerlo subsidiario de un sistema al cual responden.*

Héctor Schmucler: Bueno, yo creo que... «todos los caminos llevan a Roma»... Es decir que hay muchos caminos, hay muchos «trotes» para cabalgar, digamos, no hay una sola forma. Cuando yo decía «seguir cabalgando» quería decir *seguir insistiendo* en esto. Por ejemplo; una primer zona sería la de estimular el acceso a la mayor lucidez. Yo creo que hoy estamos en un espacio de gran opacamiento del conocimiento. A pesar de que se crea que hoy vivimos en la era del conocimiento y de las ciencias, yo creo que del *saber*, estamos muy lejos...

Esto lo digo, claro, para quienes no están conformes con el mundo; hay muchísima gente que está conforme; y bueno, a ellos no intento convencerlos. Pero para los que como yo, están desconformes, mis palabras pueden servir...

Y por qué estoy desconforme: bueno, mi inconformidad viene porque creo que hay un mundo infeliz, creo que la infelicidad, la desdicha, ha crecido en el mundo, no ha disminuído. Y si uno ve que la desdicha ha crecido, el malestar de la gente, el *sinsentido* de la gente ha crecido, a pesar de que el mundo avanza en una dirección que mucha gente glorifica como el buen sentido, como «el progreso»... quiero decir, si a pesar de que la técnica se desarrolla, de que la ciencia se desarrolla, de que el control sobre las variables del mundo material se desarrollan, la desdicha del conjunto de la gente aumenta (creo que no es demasiado difícil demostrarlo)..., algo falla. Porque si las cosas se hacen para que el hombre viva mejor y los hombres viven peor -yo creo que viven peor: no igual, sino peor-, entonces algo nos está fallando.

Este es un punto de partida y ahí es que yo digo «no resignarse a ningún obstáculo». Si nosotros decimos, por ejemplo, y este es un dato fundamental para pensar la época que vivimos, si nosotros decimos que la ciencia y la técnica marchan en este sentido «porque no hay posibilidad de que marchen para otro», difícilmente podamos ponernos a pensar si no es *a causa* de esta técnica y por causa de esta técnica por las cuales los hombres se sienten más desdichados.

Pero por qué tenemos obligación de pensar que si la técnica es de una manera, necesariamente tenemos que plegarnos a esa técnica. Y yo insisto en la técnica y me tomo de ésto, porque para mí esta es una de las claves centrales de cómo se ha estructurado el mundo. A partir de esto podríamos tal vez revisar todo lo otro que dije y toda la historia, por lo menos del mundo moderno. Pues se tiene la idea de que la técnica «está»... Como si antes de la técnica no hubiera *quienes hicieron* la técnica... Pareciera que la técnica es un fenómeno natural, como las formaciones geológicas. Bueno, efectivamente las formaciones geológicas son un fenómeno absolutamente incontrolable por el hombre, como otras cosas son incontrolables por el hombre, por ejemplo, la muerte... por ejemplo el sentido de felicidad, el sentido de amor... son incontrolables por el hombre. Existen, nos constituyen. A partir de eso tenemos que pensar. Pero la técnica no, la técnica no es algo como esos elementos míticos que nos constituyen. No, son «hechas», son construidas.

Sin embargo, y este es un elemento fuerte de la ideología de la técnica (hace rato hablábamos de la ideología del periodismo: hay también una ideología de la técnica). Y cómo se nos muestra esta ideología de la técnica: como que viene *naturalmente.* Otra vez aquello de «lo que es, es». Y no, lo que es, es porque lo hicieron de esta manera. Entonces hay un *dominio técnico*, hay una tecnificación del mundo, no sólo en el sentido de que existen objetos, instrumentos técnicos, sino de que hay una *mirada técnica* del mundo, que en su expansión ha llevado a que los seres humanos seamos *parte* de esos grandes engranajes técnicos. En realidad a lo que se ha terminado tecnificando -o a lo que se tiende a tecnificar completamente- es a los seres humanos.

La técnica, te digo, como grandes máquinas, como grandes funcionamientos, como grandes operaciones, en las cuales, cada uno cumple una función; entre otras piezas, los seres humanos también cumplen una función. Fijensé hoy mismo, cuando en algunas de las conversaciones que teníamos esta mañana, se hablaba de los «recursos humanos» para aquello o esto... ¡Esta idea, que es la de hablar de «los recursos humanos», es una de las expresiones de este dominio! ¡Cómo «recursos humanos»!... Hablar de «recursos humanos» es poner a los seres humanos en la misma situación de los recursos minerales, de los recursos instrumentales... etcétera... Pero acá viene todo el largo camino transitado, de varios siglos, en el cual también las cosas se fueron volviendo objetos «no vivos», no en comunión con los seres humanos.

Por ejemplo, cuando se deja de pensar en un árbol, en un bosque... -que tiene vida ¿no?, un bosque es un hecho, no es una simple suma de árboles, cualquiera que haya estado en un bosque lo sabe; es un hecho vivo, un hecho que hace a la cultura del ser humano. Cuando el bosque es visto sólo como un recurso, es decir, como «un recurso forestal», o como un recurso para la purificación del aire, pero sólo como un recurso, le estamos quitando ese papel fundamental en la cultura viva de los seres humanos que tiene el bosque -digo el bosque; lo mismo podría decir el mar, lo mismo podría decir   el cielo, lo mismo la tierra, lo mismo todo lo natural- pero en ese volver a todo simple recurso, al cual echamos mano para producir algo, el propio hombre se va volviendo un «recurso».

Y entonces es una suma, y en el cálculo está: «recurso aire, (no «cielo», sino «aire», no el aire como forma de vivir, sino «cómo lo utilizamos») y los otros recursos, entre los que está el «recurso humano». Entonces ya el hombre no es esto -y acá quiero meter un término que me parece que es importante- esto misterioso que es el hombre -como son misteriosas también todas las otras zonas de la vida... No. Deja de ser, porque lo tenemos que controlar. Es recurso cuando hay que *controlarlo*, es decir: ubicarlo productivamente. Entonces, en ese orden: tenemos que formar recursos, para qué. ¡Para una cosa exterior al hombre, no para que el hombre sea!... ¡Pero fijensé qué aberración, cuando uno piensa así! Porque nosotros en realidad tenemos que hacer recursos, ¿para qué? Para que una empresa funcione. ¡Cómo!, si lo que tiene que funcionar es el ser humano, no la empresa... no podemos poner a los seres humanos al servicio de «la producción» que no se sabe bien para qué es. Todavía no se ha demostrado que esa producción sea beneficiosa para el espíritu del ser humano. Entonces, qué aberrante lo que estamos viviendo, ¿no? Por eso digo que ésto, que se está volviendo como un lugar común, como lo aceptado por todos, a mí un poco me aterroriza. Por eso digo que estamos viviendo una época mala. Porque el consenso es éste: «A ver cómo nos encajamos en esta realidad», una realidad que no parte de un sentimiento de lo humano, sino que parte de una metafísica, que es la metafísica de la economía que funciona, de la economía de la empresa... Bien, a ese control -vos recién hablabas de este nuevo control que es el control de la mente- yo digo... he dicho por ahí, o he escrito, porque es uno de los temas que a mí me interesa, yo creo que estamos en la puerta... o no, ya no en la puerta... ya estamos adentro... de ese mundo diseñado por Orwell, que allá en 1948 él llamó «1984»...

Totalitarismo light

J.C.: *También Huxley, lo previó muy bien, ¿no?*
Héctor Schmucler: ...Huxley, por supuesto, en *Un mundo feliz*... Mucha gente se puso contenta, en 1984, diciendo «¿vieron cómo en 1984 ese mundo totalitario no existe?» No: porque existe no nos damos cuenta de que está existiendo... Es decir, estamos ya incluidos en eso. En la medida que vamos aceptando, y vamos haciendo nuestra esta manera de ejercicio del mundo, estamos claudicando. Y se va estableciendo el mundo totalitario -que yo le he llamado a veces totalitarismo «light», ¿no?, porque no tiene las formas de la violencia y demás, pero es el peor... es el peor porque nos gana por dentro. Entonces ese lugar común, del que todo el mundo habla hoy, ese desinterés por las cosas, esa aceptación de las cosas, la falta de pasiones, la falta de interés, la falta de entusiasmo... -linda palabra, entusiasmo...
J.C.: *De* en-theos, *¿no?*

Héctor Schmucler: ...«En-theos»... es «tener a Dios adentro», «entheos», eso es entusiasmo, exactamente... te digo, eso que todos aceptan como una situación fastidiosa... Bueno, la aceptación de ésto, es la forma más terrible de   totalitarismo.

Es decir, nos hemos unificado en la pérdida de la diferencia... Por qué. Porque este mundo necesita un mundo sin diferencias. Aunque aparentemente todo sea diferente, aparentemente todos usemos ropas distintas, todos podemos... No-no-no: en realidad, en lo central, que es pensar «el mundo es así, y así tenemos que vivirlo» , en eso hay una creciente coincidencia. Y eso es lo más grave que nos puede   ocurrir.

Bueno, esto es alarmante... digo, alarmante, si uno lo ve así, si uno cree en alguna idea que limita en lo ontológico, es decir en una idea de cómo debe ser el mundo... o de cómo debe ser el hombre....

¿Y por qué no -podría preguntar alguien- por qué no que el hombre sea una máquina?... Por qué no. Y bueno, no sé por qué. Yo... digo, no tengo ninguna razón desde el punto de vista legal, pero sí *sé* que hay *algo* -por eso digo que entra en el terreno de lo no demostrable, de lo misterioso-, hay algo que nos empuja a preguntarnos por cosas. El hombre se pregunta, se pregunta «por qué», básicamente. Por el sentido del vivir... qué pregunta, ¿no? Y esa pregunta, es la que cada vez menos se satisface. Hay un correlato directo, una relación directa, entre la dificultad de contestar esta pregunta por el sentido del vivir, con el aumento de la desdicha. Cuanto menos podemos responder a ésto, menos sentido del vivir tenemos. Por lo tanto la desdicha aumenta. Y esto no es sólo una relación de tener acceso a una maquinita o no tener acceso a una maquinita...

Partimos de una base, ojo, con todo lo que estoy diciendo: hay una condición fundamental, que es la justicia en el mundo... Quiero decir que no hay derecho a que nadie se muera de hambre simplemente porque unos tengan mucho y otros no tengan nada. Bueno, esto es tan elemental, que casi es el punto de arranque para pensar el mundo. Todo lo que estoy diciendo, no deja de lado la lucha incesante, en la cual tampoco habría que transigir, por la justicia en el mundo. Pero la justicia en el mundo también habría que tomarla primero, en el comer... es lamentable, pero si no la gente se muere... y si se muere la gente, en qué ser humano vamos a pensar, ¿no? (se ríe). Es como hoy decían: si no hay escuelas, qué «Diario en la Escuela» vamos a llevar... como decían los que estaban en huelga... y tienen razón. Pero la justicia debería incluir también esta posibilidad de imaginar una manera de existir que no necesariamente se atenga a lo que las estructuras económicas han creado hoy en   día.

Entonces sí, lo grave, yo creo, es que hay un control *en donde no aparece el controlador.* Y entonces, yo por ahí dije, o escribí, no sé, que el autoritarismo tiene una gran ventaja sobre lo totalitario en el sentido que ahora digo, porque, cuando uno sabe que hay autoritarismo, entonces se sabe que alguien está reprimiendo, y entonces puedo oponerme. Cuando ya todos aceptamos que el mundo sea así -que ese es, insisto, es el triunfo de lo totalitario- se nos vuelve más difícil el enfrentamiento. A veces visualizar al opresor, es una ventaja... cuando el opresor está dentro de uno, queda disimulado, porque uno no lo puede ver.

Lo individual trascendente

J.C.: *La concepción holística -de la que parece que Francisco de Asís era un avanzado- planteada hoy desde un punto de vista científico como la configuración universal en cada átomo, en cada partícula de la materia... incluyendo los seres humanos... es decir nosotros, y cada elemento aparentemente separado por límites materiales, configurando realmente una especie de integridad, aunque en niveles que no manejamos todavía... Y se plantea -como una hipótesis, a partir de la física- que los seres humanos podrían ser frecuencias concentradas, emitiendo unas ondas hacia afuera (no han podido ser medidas todavía), que lo harían integrado, y por tanto responsable, de cualquier cosa que sucediese dentro de todo ese inmenso sistema universal del que formaríamos parte. ¿Vos consideras -suponiendo que aceptes esta hipótesis- que es posible algún tipo, de actividad, de modificación, de aporte, de transformación, en el plano, digamos, de las acciones metafísicas?.*

Héctor Schmucler: Bueno, mirá; en relación a todas estas teorías holísticas, que a mí me interesan mucho, pero no las conozco demasiado, yo tengo ahí como una pequeña dificultad. Primero porque creo que hay cosas que son imposibles de demostrar. Son teorías... son magníficas, ¿no?, pero son en realidad tan imaginativas... -y esto no lo digo peyorativamente- ...como casi todas las grandes teorías de la ciencia. Como el Big-bang o el no Big-bang... La demostración real, quién sabe si alguna vez la vamos a llegar a saber. Y a mí me parece muy bien para investigar, sobre todo cuando aparecen estas ideas que ponen al lado la ciencia y la metafísica.

Por las mismas razones, desde el punto de vista religioso, podrían hacerse afirmaciones similares, ¿no? Religioso... yo la tomo con cuidado a la palabra religión, para que no se confunda con «iglesia»... Religión en el sentido de trascendencia, de vivir en algo de lo cual todo participa, incluido los seres humanos y el resto de las cosas. Y aquí estamos al lado de las teorías holísticas... Uno lo puede pensar -y aquí viene el nudo del misterio- en esa zona no sólo desconocida, sino *incognocible*. Es decir, que no es que «por ahora» no lo conozcamos, sino que en su naturaleza está el no ser conocido.

Todas las ideas de Dios que hay, o de «los dioses» en la mitología griega, toda concepción de alguna trascendencia, participan de esto: hay *algo* que nos constituye y que sin embargo es absolutamente misterioso. Y si nos ponemos a pensar -y acá vuelve algo de lo de la literatura que antes hablamos- toda gran literatura, da cuenta de esto. Toda gran literatura da cuenta de esa tensión, que tal vez tenga una raíz fuerte en la tragedia, en la cual nosotros somos aquello que nosotros mismos no podemos en última instancia definir. Qué quiero decir con esto. Así como en lo holístico cada átomo, el ser humano, o lo que sea, o el más lejano planeta o estrella, somos parte de algo (la vieja historia de que si un ala de mariposa se mueve en el Pacífico, en el Atlántico puede haber una tormenta), al vincular todo, todo se vincula. Es decir, no tanto por la investigación científica de tipo holística, no porque lo deje a un lado, sino me interesa por el otro lado, por el de esto que nos *funda*, por esto misterioso que nos funda pero que nos hace ser lo que somos.

Y cuando yo digo nos funda y cuando hablo de trascendencia podría poner el nombre de Dios también. Pero no quisiera poner a un Dios que decide por nosotros. Lo fuerte de este tema, es que si Dios está, existe... sólo existe si está en nosotros. Es decir, en un sentido de si nosotros también somos dioses. Y resulta que nosotros somos dioses porque si no, Dios no existe, pero Dios es incognocible. Ahí está una tensión.

Pero si nosotros pensamos que de cada acto nuestro depende el mundo - holísticamente también sería eso-... ¡la gran responsabilidad que nos crea! ¡Ahí sí que no nos podemos distraer! Todas las grandes religiones hablan de esto: *no hay que distraerse.* La religión judía prohíbe la distracción... pero no para estar serio, sino... a veces para grandes fiestas. No hay que olvidar que el mundo del arte y el mundo de nuestras ideas nació, por lo menos se sustentó, en Dionisos... en las grandes fiestas.... No en la tristeza, ni en estar atento para ver si no se nos escapa un negocio. No; es estar atento porque cada minuto *nosotros* decidimos la suerte del mundo. Entonces somos seres responsables. Y si pensáramos eso.... -y aquí estamos galopando, ¿ves?, esta acepción fundamental del galope-, sólo si uno llegara a pensar eso, si uno sintiera que cada acto de uno es definitivo.... (Nieztche hablaba del eterno retorno, porque cada acto que hacemos va a retornar eternamente); si uno pensara eso, no sólo actuaríamos de otra manera, sino que nos desinteresaríamos de la inmensa mayoría de las cosas que nos rodean... Y entonces de este mundo de acumulación, de este mundo de producción enloquecida de cosas, diríamos, ¿y para qué? Para qué, si lo importante es el goce de estas otras cosas.

Cuando uno llega a esa convicción, de que en realidad lo importante es casi todo aquello que no es lo que el mundo considera importante... Ya cambia la vida de uno, ¿no? Porque la cuestión es esta: si lo que decimos afecta nuestra vida... Acá viene el problema de los sociólogos y de los estudiosos en general de las ciencias humanas... Se habla como si se pudiera hablar objetivamente, como si no se hablara de uno... El sociólogo habla de la sociedad como si él no fuera parte de la sociedad... «a la sociedad le ocurre tal cosa»... No: *a mí* me está ocurriendo.

Ahora, esto nos pone en un compromiso muy serio... Porque si decimos todo esto que yo estoy diciendo, y no tenemos cierta consecuencia (a veces uno no puede o no quiere ser absolutamente consecuente), y si esto no lo cambia a uno... todo esto no sirve. Todo esto que estoy diciendo, todo este galopar es para hoy: hoy tenemos que galopar. No esperar cambiar en el futuro, porque si no cambiamos hoy, nosotros somos los que no existimos.

Y de nosotros, como vos evocabas recién, a través de la teoría holística, depende todo... Nosotros somos *todo*. Y cuando digo «todo», es lo contrario del egoísmo individualista actual. Cuando digo somos todo, es porque cada uno es, somos *todos*. Yo soy todos, y todos son en mí.

¡Qué responsabilidad!.

Octubre de 1993.

Chamaca Córdoba
"EL ACTO CREADOR ES UNA COMUNICACIÓN CON LO TRASCENDENTE"

Da la impresión de estar encendida por algo, como un magneto interior que irradiara por medio de su piel. Como casualmente cuenta una graciosa historia: hace poco fue recorrida por una centella. Estaba en su taller, tomando mate. "De repente sentí una cosa como una luz enceguecedora que me penetraba y vi un intenso resplandor... por un instante quedé espeluznada... me miré en el espejo y tenía todos los pelos parados; pero nada más... Entonces corrí al caballete, puse una tela y me puse a pintar, pintar... hasta que luego de varias horas, terminé mi cuadro... Sentí entonces que la energía se había agotado, y me   desplomé"...

Julio Carreras: *Antes hablamos algo acerca de la ideología que sustenta a tus cuadros —o mejor dicho,* tu *ideología, pues no creo que se pueda separar al artista de su obra. Nos habías dicho que eras "esencialista". ¿Podrías explicarnos qué significa esto?*

Chamaca Córdoba: El esencialismo, dentro del informalismo —una de las corrientes de la pintura- vendría a ser algo así como un despegarse de la materia, remontar vuelo, de alguna manera, para usar elementos cuyo denominador común es que se refieren a una trascendencia... no sé si se entiende... como un buscar imágenes sin forma, donde el hombre se pueda contemplar, sin verse...

J.C.: *Hacia* dónde *esa trascendencia...*

Chamaca: Una trascendencia hacia algo superior, hacia algo que tenga que ver con Dios, posiblemente, algo que tenga que ver con una fuente de energía, algo que se encuentre más allá de esto que nos envuelve en este lugar percibido por el cuerpo y nos aferra, nos pega a las cosas... Por qué se llama esencialista, o sea, en el lenguaje de la técnica pictórica, yo te decía la vez pasada que generalmente uno habla de equilibrio en la composición; eso puede buscárselo en el sentido radial, axial, un equilibrio oculto, pero en el plano formal; esto se da en la pintura abstracta o informalista. En cambio acá se habla de un *equilibrio de sentimientos*; esta es una de las claves de la pintura esencialista. Y se habla de *líneas sensibles*, se habla de *líneas sin miedo*. Es una cuestión que tiene que ver, como te decía, principalmente con la trascendencia, tiene que ver con *algo más* que el oficio en sí, como trabajo con materia   pictórica...

J.C.: *En casi todos tus cuadros se* repiten unos trazos ondulantes, muy leves pero nítidos, siempre translúcidos, que recorren de punta a punta la superficie, de un   modo sutil aunque evidente... A mí me sugieren una especie de elemento unitivo, relacionado con algo como el cordón umbilical, que integra a la madre con su embrión interno...

Chamaca: ¡Me parece maravilloso que te sugiera eso!... Yo creo que, bueno, es la vida posiblemente... pero me gusta lo que vos me dices, porque de pronto es tu historia, no es la mía... Yo puedo sentir o no eso que dices, lo del cordón umbilical y demás, pero me parece importante que vos, como contemplador, lo sientas   así...

J.C.: Ahora, lo que intentaba averiguar era si entre la pintora y su cuadro puede darse una relación de tal tipo que proyecte subconscientemente esas referencias, como las de una madre con su hijo en gestación... Es decir, encontrar alguna clave que racionalice –aunque sé que es una palabra que no te gusta   demasiado...

Chamaca: No es que no me guste, sólo digo que en la razón no terminan las   cosas...

J.C.: ...bueno, a través de un lenguaje comprensible por la razón, nos explique esa trascendencia que, a través de los cordones, puede estar ligada a una base   sustancial...

Chamaca: Bueno, en realidad a esos "cordones" a que vos te refieres, yo los quiero llevar para atarlos allá, a través de un agujero cósmico, a Dios, o a una cosa más elevada que la simple materia cotidiana... Posiblemente, de allí sí se pueda decir que salgan –o lleguen- esos cordones, no de mí... Y la parte racional que vos dices, que te repito, no es que no me gusta, sólo que yo creo que la razón hay que ocuparla, creativamente, y desechar la especulación por sí misma, que es lo que a veces enreda a ciertos razonamientos... Pero no se puede lograr un equilibrio si no se armonizan las partes; incluso hay un cuadro que se llama Vuelos irreductibles, que tiene que ver con el tema de "la razón como sentimiento", ¿no?; así es, creo que tiene que ver con lo del cordón, pero también tiene que ver con soltar, no con atar, con liberar, más que con controlar; entonces más que cordones físicos, que llevarían a un apego, a un apresamiento de las figuras, éstos son cordones etéreos, que tenderían a liberarlas para que asuman con libertad su vuelo trascendente.

J.C.: Al parecer en Júpiter, que es un planeta en gran parte gaseoso, las formas que se mueven sobre la superficie se relacionan con el centro de aquella masa a través de una especie de cordones... Esto podría ser una situación que se repite a lo largo de la evolución de los planetas... por causa de tus cuadros se me representa una y otra vez la idea de que así pudo haber sido la relación de la Tierra y sus criaturas originales, hace millones de años... ¿podría haber allí la percepción subconsciente de formas arquetípicas? Tal vez suceda con los cuadros de Miró, quien representaba formas que después, con la invención de microscopios muy poderosos, fue descubriendo la ciencia que existían en la naturaleza, sólo que eran imposibles de ver con los ojos   comunes.

Chamaca: ¡Ay, me parecería maravilloso eso!... Es un delirio que lo pensé (se ríe)... sí, es muy loco eso, y alguna vez lo pensé... pero quizá es algo similar a lo que parece que sucedía con la pintura rupestre; mientras aquél era un hecho mágico, producido por el pintor primitivo, este trabajo mío es un ritual, es una visión percibida primero dentro de mí, a la cual busco; me siento a pintar y cuando la logro, bueno, me siento muy bien pues la logré... En la pintura rupestre, has visto que ellos deseaban por ejemplo cazar un animal, bueno, lo pintaban y era como si estuviera cazado; en   mi caso se trata de cazar imágenes de lo trascendente, que se me van presentando en la imaginación.

Y lo que vos me dices... me encantaría que sea así, se supone que uno tiene que tener una percepción, no sé si distinta, no sé si diferente, no sé cómo llamarle, pero yo creo que uno agudiza cosas, uno está más atento, posiblemente, porque existe un acto creador. Si los resultados no son felices, eso es otra historia, pero en el acto creador existe la comunicación con algo más... con algo mágico, no sé, es como que uno se desaparece, es una cosa muy extraña, es inexplicable, es inconcebible intentar racionalizarlo, por ahí... Yo creo que en ese momento, es como que uno percibe cosas extraordinarias, uno percibe especialmente energías, uno se puede comunicar con la gente de otra manera, en otro espacio: es más sano y limpio, inclusive. Yo creo que la pintura, tomada de esa manera ayuda mucho, pero también puede caer en un gran vicio de positividades o cosas así...

Sí, yo siento ese tipo de cosas más o menos como de las que estamos hablando, pero no siempre, a veces como que me cuesta, también.

J.C.: *Más o menos qué es lo que sientes cuando terminas un   cuadro.*

Chamaca: Bueno, en realidad un cuadro nunca se termina; uno "lo da por terminado"... porque se puede seguir eternamente... hem... siento... mucha paz, mucha tranquilidad... es un goce... es como un orgasmo en realidad, es como hacer el amor... pero uno no queda como luego de hacer *realmente* el amor; uno queda... lúcido; bueno, así. La relación del artista con el cuadro es como la relación erótica que se da en quienes se aman para crear una nueva vida, que en este caso se da sobre la superficie del cuadro... El hijo... vendría a ser también el cuadro. Por eso debe ser que para el pintor despegarse del cuadro es como para una madre desprenderse de un hijo... sí, tal cual.

J.C.: *A veces la relación de los pintores con la sociedad ha sido difícil... ¿vos crees que se da porque la sociedad no comprende los mundos donde se maneja el pintor?, o tal vez sean ciertas posiciones del pintor que tiendan a   apartarlo...*

Chamaca: (Piensa un largo momento antes de contestar) No... yo creo que es una cuestión de manos, de cómo se ubica el artista, sea escritor, sea pintor con respecto a la gente... Yo creo que no hay problemas, no hay historias; si uno se integra naturalmente con la gente, es decir, si uno se siente uno con la gente. Ahora si uno toma una actitud de que por ser artista se es *distinto*; bueno, es un estúpido, y en ese caso sí se dan apartamientos. Si uno se relaciona con la gente comprendiendo que es tan humano –bueno, casi humano, porque el término humano nos queda grande- como la gente, bueno, entonces se da cuenta de que no existe la diferencia, es más, de que esa diferencia es una ilusión. Es una ilusión creada por la sociedad para justificar que unos se permitan más o menos cosas que otros... De mí han dicho, algunas veces, cuando estaba hablando en alguna reunión, "ella es una pintora"... como diciendo "bueno, discúlpenla, es loca porque es pintora". Pero ésos son prejuicios de algunos individuos, de inseguridades o pautas artificiales de unos o de otros. Pero no se puede decir que el pintor esté apartado de esta sociedad... es como seguir alimentando esos prejuicios. No, yo creo que tenemos que relacionarnos dando, para contribuir   desde nuestro oficio a constituir esta sociedad, de la que todos formamos parte. Yo me relaciono así, no desde lo "pintora", sino desde lo humano, en realidad.

J.C.: *¿Crees que la pintura necesita una promoción masiva para alcanzar su realización, o el "éxito" como a veces se lo llama?*

Chamaca: No. Para mí nada tiene que ver con la adhesión a modas o ismos muy difundidos, ni con la publicidad de la obra. En cambio sí con el logro por el pintor de un objetivo, un punto óptimo, donde la creación se sienta satisfecha; un cruce de caminos como en El aleph de Borges, que nos permita ver la realidad que hemos buscado. Un punto de equilibrio en el cual el artista comprende que su obra trasciende, porque hay una conmoción interior que se lo indica... eso es el éxito de la obra de arte para mí, no algo que dependa de la mayor o menor publicidad. O sea, no depende de todo el aparato comunicacional para su trascendencia, sino de algo propio de la obra.

J.C.: *Alguna vez me preocupó pensar que el destino de un cuadro es finalmente caer en manos de una persona –o cuanto más una familia- que disfruta aisladamente de esa obra...*

Chamaca: Y qué es lo que te preocupa...

J.C.: *... me preocupa que una sola persona termine siendo el destinatario de un cuadro...*

Chamaca: Y bueno, yo creo que hay cuadros que sí, que son para *una* persona... en cambio hay otros que no, que son para muchas personas... Yo no creo en las casualidades, yo creo que si a alguien *le llega* cierta obra, es porque de algún modo estaba predestinado, como que hay un orden oculto llevando las direcciones del mundo... Bueno, tal vez tendría que ser "todo para todos", de última, pero no lo veo como una cosa que te tenga que preocupar... Más bien creo que deberíamos tratar de disfrutar de la obra, aplicando todos nuestros sentidos a ello, cuando la tenemos ante nosotros. Y cuando otra persona se la lleva... bueno, disfrutar también con la idea del goce que va a tener esa persona...

Agosto de 1994

Alcira Argumedo
"LA REVOLUCIÓN TECNOLÓGICA REQUIERE LA DEMOCRATIZACIÓN DE TODOS LOS ESPACIOS DE LA VIDA SOCIAL"

Alcira Argumedo es una mujer tenue, de aspecto concentrado. Esa impresión se diluye un poco al oírla hablar, con tonos graves: se percibe entonces una voluntad sólida. Intelectual de prestigio en el campo de las Ciencias Sociales y la Economía, sus libros influyeron, de un modo importante, en el reflexionar latinoamericano de los últimos veinte años. Investigadora del CONICET, participó como conferencista en las jornadas que organizara recientemente la Universidad Nacional de Santiago del Estero. En esa oportunidad nos concedió la siguiente   entrevista.

Julio Carreras: *Usted dijo que el proyecto del gobierno nacional es como tirar salitre en la Pampa Húmeda. ¿Esto se refiere al campo de la economía, principalmente?*

Alcira Argumedo: Se refiere a una conjunción de factores negativos que, de alguna manera se originan en no estar percibiendo la transformación trágica que se ha dado en el campo internacional. Si el elemento esencial de los países que puedan entrar adecuadamente al siglo XXI va a ser su capacidad de disponer eficientemente de información, de conocimiento, de innovación, o lo que se llama recurso de conocimiento intensivo, se presenta la situación de decadencia del sistema educativo que surge cuando nos preguntamos dónde comienza a gestarse ese recurso. El tema de la desarticulación de los sistemas de la ciencia y la tecnología, o del acoso a la universidad por lo que mencionaba, los nuevos pozos de petróleo, un proceso de desindustrialización ligado a políticas de flexibilización de la mano de obra que están descalificando.

Fíjese que hay un treinta por ciento de desocupación de jóvenes menores de veinticinco años. De esta cifra, un cuarenta y cinco por ciento ingresan de manera precaria en el mercado del trabajo, o sea en forma inestable o en negro, lo que implica que no se les permite tomar un oficio y formarse. Esto significa que la Argentina va a tener el setenta y cinco por ciento de su población –de gente de alrededor de treinta años- económicamente activa, absolutamente descalificada, lo cual indica que se aproxima el ingreso de nuestro país a un callejón sin   salida.

J.C.: *¿Cree que detrás de esto puede haber una posición ideológica que permita suponer un proyecto deliberado, o es nada más que un proyecto que no tiene en cuenta a ciertos sectores, que aparentemente están condenados a   desaparecer?*

A.A.: Existen ambas cosas. Por un lado la transformación se da aceleradamente desde los años ochenta. Esto se presentó en ciertos países acompañado de un predominio de modelos neoliberales, lo cual afirma que estos modelos neoliberales han demostrado que no son funcionales aún en los países centrales que los llevaron adelante. Por ejemplo, en Estados Unidos, donde se puso en práctica esta política de flexibilización y calificación laboral, los productos tienen cien veces más fallas que los japoneses. Sin reivindicarlos sino tomando en cuenta las grandes variables de sus proyectos, que no responden al modelo neoliberal, tuvieron una mayor efectividad porque centraron su política en un fuerte desarrollo de la educación. Veamos: el noventa por ciento de los chicos que entran en el primario terminan el secundario. De ellos la mitad estudia en niveles terciarios o universitarios. Esto quiere decir que tienen el noventa por ciento de la población con el secundario completo y el otro cincuenta por ciento con títulos universitarios y terciarios. Esto es una altísima calificación. En una política donde más del setenta por ciento de los trabajadores son vitalicios, los empleados que ingresan en un trabajo, lo pueden conservar casi de   por vida. Esto determina estabilidad en el trabajo, lo cual les permite calificarse y, al mismo tiempo, la calificación juega como un elemento decisivo, pueden aportar conocimiento, innovación, ingenio para enriquecer el patrimonio productivo de la sociedad. Esta política racional es lo que les ha permitido a los japoneses dar el inmenso salto tecnológico y económico de que disfrutan.

Creo que hay notables fallas internas de los proyectos neoliberales, que no les han permitido ser funcionales para sustentar un esquema de sociedad viable. Sobre todo no fueron funcionales por algunos de los valores con los que se mueve el liberalismo económico, que son el egoísmo, el individualismo, el lucro por sobre todas las cosas, la competencia feroz, cuando en el tipo de producción que se requiere actualmente hay necesidad de mucho trabajo colectivo, pensamiento común, grupos de trabajo, visiones de conjunto.

Frente a esto los japoneses se basaron en los valores del mutualismo, lo cual significa que una sociedad va a ser estable y apacible en la medida que haya mutuos beneficios para quienes la integran –ya que en toda relación humana debería haber mutuo beneficio y no la competencia entre todos que termina siendo destructiva.

J.C.- *Esto no parecía presentarse así en los años 60 o 70, cuando los Estados Unidos y Europa gozaban de una "sociedad de bienestar", cuyos modelos tomaban como meta muchos gobiernos progresistas en el mundo entero...*

A.A.: Todo este proceso se ha dado rápidamente. Fueron diez años muy acelerados. Si ha dado malos resultados en Inglaterra y Estados Unidos en nuestro país ha sido arrasador. Debería entenderse ya que por este camino es imposible encontrar soluciones. Creo que esta es la clave de la situación.

J.C. : *Hay una propuesta desde el punto de vista filosófico, concretamente desde Apel, llamada la "Ética del discurso", a través de la cual se propone el diálogo entre los países desarrollados y subdesarrollados, como un camino para lograr que estos planes económicos aplicados a escala internacional tengan menos resultados negativos. ¿Usted qué opina de esta propuesta, surgida desde los países más desarrollados?*

A.A.: Mire, lo que sucede es que los dirigentes de los países desarrollados tienen mucha preocupación por los resultados de sus propias propuestas. Esto se ve, por ejemplo, en la Conferencia de El Cairo donde se quiere que disminuya la población de estos llamados países periféricos como los de Asia, África y América Latina.

El tema se plantea como que la tendencia a disminuir el número de hijos tiene una muy fuerte relación con la posibilidad de alcanzar mejores niveles de bienestar de que dispondrían, en ese caso, las familias. De lo que no se está hablando seriamente es de cómo *recuperar* niveles de bienestar en la familia, para que el número de hijos *pueda* disminuir. Ellos tienen muchos hijos porque la mortalidad infantil en esos sectores es altísima. No se autocontrolan los nacimientos pues hay factores externos que para ellos son determinantes. Como sus hijos mueren, procrean más hijos para garantizarse la posibilidad de que algunos sobrevivan, y poder así *tener* descendencia. Me parece que éste es el tema.

Creo que ha habido en la historia muchos planes o propuestas a través de las cuales los países centrales han proclamado su intención de ayudar a los países subdesarrollados. Por ejemplo en la década del desarrollo, los 60, la Alianza para el Progreso, la Iniciativa para las Américas... siempre hay grandes promesas, pero en sus conclusiones sucede que la lógica que ellos imponen a estos países termina redituándoles beneficios solamente a ellos, y profundizando la situación de crisis del resto.

J.C.: *¿Cuál sería el camino para nuestro país?*

A.A.: Creo que acá hay que tener en cuenta una cosa. La producción de este recurso o conocimiento intensivo requiere, ante todo, una democratización de la educación. Esto significa una ampliación del conjunto de la sociedad y una educación de alto nivel. Este tipo de educación no puede alcanzarse si no se garantiza una democratización de otros espacios de la vida social, como por ejemplo la salud, el bienestar de la familia, la distribución del ingreso, el acceso a viviendas dignas y un hábitat que permita desarrollar un contexto positivo para la profundización de la educación. A su vez esto tiene que ir acompañado de nuevos tipos de calificación laboral. El tema es que el caso requiere de una redistribución de la riqueza social en gran escala. Hay que democratizar la riqueza social. En este sentido, antes o después, se demuestra que, así como la revolución industrial no podía ser llevada adelante por sociedades de alta polarización social, como por ejemplo las de los señores feudales o los propietarios de esclavos, entre otros, sino que requirió formas de mayor equidad social, esta revolución tecnológica requiere, como un claro requisito para entrar en la modernidad, una democratización de todos los espacios de la vida   social.

Esto se explica con las leyes del mercado, las cuales están demostrando que generan con su lógica que los pobres sean cada vez más pobres y los ricos cada vez más ricos. Pueden buscarse recetas alternativas. Lo han demostrado Japón y Alemania, países a los que les ha ido mejor que a los que usaron las leyes del   mercado.

Se requieren nuevas políticas y orientaciones por parte de un nuevo tipo de   estado –hablamos del estado que entra en crisis- que garantice un proceso de redistribución de riquezas en gran escala para respaldar la producción de conocimiento intensivo que es la clave para entrar en el tercer milenio. Creo que ahí está el elemento central del proceso.

Quiero destacar una cosa: en cualquier país capitalista, el monto del ingreso que recibe el estado en concepto de impuestos a los grandes patrimonios –que Clinton acaba de aumentar- es un cuarenta por ciento más del que recibe en concepto de impuestos por consumos, como el IVA. Acá hay sólo la tercera parte. Si acá se cobraran impuestos progresivos como en Estados Unidos, donde los que más pagan son los que más tienen, la ecuación se modificaría radicalmente. Estamos hablando de cerca de veinte mil millones de dólares al año que aquí se otorgan como subsidio a los grandes grupos económicos, a las grandes corporaciones que tienen ganancias extraordinarias, en concepto de no cobrar ese impuesto progresivo. Esa suma triplica el presupuesto que actualmente se otorga a la educación –que en la actualidad es el recurso estratégico por excelencia. Con esto no estamos hablando de   transformaciones gigantescas, estamos hablando simplemente de llegar al equilibrio social, que permita iniciar procesos de democratización integral en todo el país. Porque en estas condiciones, la Argentina no podrá entrar con alguna posibilidad de éxito en los escenarios del siglo XXI.

J.C.: *Desde el punto de vista sociológico, ¿cómo interpreta el estallido social de Santiago del Estero, que tuvo lugar en diciembre de 1993?*

A.A.: Creo que fue una manifestación de los altísimos costos que han exigido estos modelos. Sobre todo el hecho de que se está generando una situación en la cual las políticas neoliberales dejan a determinadas regiones y sectores sociales en un callejón sin salida. No les otorgan ninguna nueva perspectiva, más allá de la pobreza de los años sesenta, cuando eran pobres pero había ciertas luces, ciertas posibilidades de mejorar la situación vital. Por ejemplo, un trabajador podía hacer que su hijo llegara al secundario o a estudiar en la universidad. En este momento, el tipo de pobreza que generan los modelos neoliberales son pobrezas "emblocadas", sin salida. Por lo tanto se generan también conductas de desesperación, justamente porque no se le da a la gente ninguna salida.

Más allá de cuál fuera el detonante específico, es evidente que a estas provincias a las cuales explícitamente se les dice: "Ustedes son inviables", no se les hacen aportes, ni se les brinda ninguna esperanza. Obviamente, este tipo de respuestas de alguna manera son alimentadas por una política. Creo que con esto se pone de manifiesto que la gente, a través de una protesta virulenta, haya dicho: "Señores: ¡así no!"

Este hecho es significativo en Santiago del Estero, pero también había pasado en La Rioja, en Jujuy, en Salta, en aquellos lugares a los cuales explícitamente se les está diciendo: "En esta nueva etapa, no tienen lugar".

Con toda razón ellos quieren su lugar. Seguramente la gente se planteó que, si no tenían su lugar... incendiaban todo.

De alguna manera, la manifestación fue el llamado de atención para que las autoridades pensaran acerca del lugar que se les puede dar. Me parece que en los próximos años, de continuar esta tendencia, vamos a ver muchas manifestaciones de protesta –no digo quemar la Casa de Gobierno- de sectores sociales o regiones a quienes implícitamente se los condena, ya que se les da a entender que en la nueva etapa no van a protagonizar nada.

Noviembre de 1994

Fray Guillermo Fernández Beret

"ALGUNAS POSICIONES DE LOS SACERDOTES PARA EL TERCER MUNDO SON ASUMIDAS HOY HASTA POR LOS GRUPOS CONSERVADORES"

Guillermo Fernández Beret da la impresión de un perpetuo estudiante universitario, pícaro y piadoso al mismo tiempo. En sus ojos brillantes se ve que su lucidez corre adelante de lo que su interlocutor está diciendo. Pero se cuida de manifestarlo. El encuentro se efectuó en su pacífica habitación del Convento de Santo Domingo (ese mismo que sirvió de refugio a los perseguidos por el dictador Ibarra, ese mismo que en su capilla guarda una Sabana Santa, especialmente enviada aquí por Felipe II). La computadora, la estufa eléctrica, la máquina para calentar el café, el pequeño grabador sobre la mesita, adquieren cierta incongruencia surrealista bajo tal edificación. El reportaje se efectuó a las ocho de la mañana, con efracciones de un sol de invierno, filtrándose por entre los gigantescos árboles, los vitraux, la sucesión de montantes elevados, tallas barrocas del Siglo de Oro, el atenuado gorjear de pájaros.

Julio Carreras: *Según el Evangelio*, el amor al prójimo *parece el mandamiento mayor, implica que se puede amar a Dios a través del ser   humano...*

Guillermo Fernández Beret: En realidad no es que se pueda amar a Dios en un ser humano, sino que no se puede amar a Dios si no se es capaz de amar a un ser humano... El tema del amor al prójimo, no digo que hay que relativizarlo, pero sí hay que situarlo claramente en el contexto de lo que significa la palabra amor y la palabra que se usa en ese momento y ese lugar. En el griego, tanto como en el hebreo hay distintas palabra para hablar de amor. Lo que significa el amor de amistad, el amor filial, es una palabra. *Luego el amor entre un hombre y una mujer, es otra palabra*, y está el amor que se usa en este caso, que es la palabra *agape*. Por encima de un sentimiento, significa una actitud, de apertura al otro, de servicio al otro. Cuando se habla de amor al prójimo, entonces, aquí se está hablando, no necesariamente de que uno tenga sentimientos de cariño hacia todo el mundo -uno no puede sentir amor, en tal sentido, hacia el enemigo, por ejemplo, pero sí lo puede amar en el sentido de la apertura y la capacidad de servicio hacia el otro. Esta apertura significa ante todo una actitud de disposición, y por eso es que tiene que mostrarse eficazmente en las obras. No basta simplemente sentirse bien con él, sino implica poner en acto realmente esa disposición hacia la otra persona. Lo que trae un montón de complicaciones para el hombre que comúnmente cree que amar consiste solamente en no odiar al otro; en cambio amar en sentido evangélico en realidad implica un compromiso con el destino de los demás, en el aspecto político, por ejemplo, o en el aspecto   económico.

Es decir, implica un mandato no solamente religioso, sino también una transformación de todo el mundo que nos rodea, en beneficio de los otros   seres humanos. Entonces este amor debe manifestarse en obras, no sólo las que atañen a lo inmediato, sino tocar otras de mayor alcance, que incluyan todas las dimensiones de los seres humanos. Lo social, lo político... no sólo lo espiritual, es decir, lo espiritual tiene que, de algún modo, reflejarse en la obra. En el Evangelio se habla de espíritu como de algo integral, en la medida que el espíritu gobierna todas las dimensiones, aunque él a su vez deba ser gobernado por Dios.

J.C..: *El amor a los enemigos, ¿es un concepto novedoso, anunciado por primera vez por Jesús, o es algo que fue recogido de alguna tradición   anterior?*

G. F. B.: En parte, es novedoso. En el Antiguo Testamento, no es que no hubiera un amor al enemigo, efectivamente era muy distinto del amor a los enemigos que presenta Jesucristo, porque no había una voluntad universal de amor. El pueblo judío creía que únicamente a través del pueblo judío se daba la salvación. Tenía la esperanza de que todos los pueblos entraran en esa dimensión de salvación, entrando al pueblo de Israel... a través de la circuncisión, entrando en esa unidad político religiosa que constituía el pueblo de Israel...

J.C.: *Esa esperanza implicaba la destrucción del   enemigo...*

G. F. B.: No necesariamente...

J.C.:*...como en Jericó, donde exterminaron a todos los   habitantes...*

G. F. B.: El caso de Jericó es un caso más bien... mítico, del Antiguo Testamento, no es que haya sido una historia efectivamente real. No puede serlo; las excavaciones arqueológicas han demostrado que la destrucción de Jericó es muy anterior a la llegada del pueblo judío. Sucede que se lo usa como paradigma de que el Señor dispone la tierra para su pueblo elegido... no son los judíos quienes tiran abajo las murallas, sino el Señor... Que hay muchas guerras, es indudable, en el Antiguo Testamento; lo que implica este caso, que, además, es un momento temprano de la comprensión de Dios, es que Dios abre camino al pueblo elegido... efectivamente hay una voluntad hegemónica, si es necesario por la   violencia...

J.C.: *O sea que hay una evolución desde aquel pueblo guerrero, que intenta consolidar su dominio, hasta un pensamiento que proclama la conversión, a través del amor a los enemigos...*

G. F. B.: Hay que descubrir esa evolución, que pasa por la comprensión de toda una experiencia histórica que tiene el pueblo de Israel. De pensar que la hegemonía de Dios viene dada por la victoria guerrera, luego del fracaso que significa el exilio en Babilonia, necesariamente entra a tallar otra concepción, de que la justicia de Dios no solamente se manifiesta por la victoria en la guerra, sino se puede manifestar de otras maneras. De todos modos, hay en Jesucristo una ruptura, en cuanto que este amor al enemigo requiere de obras positivas, no solamente de la voluntad o el deseo de que puedan entrar a esta unidad político-religiosa con Israel. Esto implica romper con el esquema de justicia que todavía se tenía hasta Jesucristo, del ojo por ojo y diente por diente, y que por la fuerza se podía obligar al enemigo a... dejar de ser enemigo. Jesucristo trae una nueva actitud, que no quiere decir que uno no tenga que combatir en cierto momento, que no tenga que defenderse, sino hay una actitud de apertura   con la que no solamente hay que convertir al enemigo, sino que hay que ofrecerle la salvación.

J.C.: *Los primeros cristianos practicaban un tipo de resistencia que consistía fundamentalmente en no ofrecer respuestas violentas... aparentemente...*

G. F. B.: ¡Aparentemente!... Lo que se muestra en las escrituras, con el afán de enseñanza, para las generaciones posteriores, de un modelo de comunidad, de alguna manera está idealizado. Seguramente habrá habido, por ahí, algún acto de resistencia menos pacífica... Aunque, en general, hay una actitud de entrega, de sumo respeto por la vida del otro, pero por otro lado hay otra cosa más que condiciona esa actitud, digamos, casi pasiva: la primitiva comunidad estaba convencida de la inmediatez del fin de la historia, eso movía a que hubiera una cierta relativización del valor de la propia vida. Esto deja un modelo de heroicidad, en cuanto al respeto por la vida del otro y en asumir las consecuencias de la fe. Lo que pasa es que este modelo empieza a volverse cuestionable cuando mi falta de resistencia pone en peligro a otro. Cuando yo dejo de asumir la obligación de defensa del más desvalido, por ejemplo. Cuando yo pierdo la dimensión del servicio al más necesitado, al que la pasa peor; en ese caso, está de alguna manera mal la no violencia. En casos de emergencia -se plantea en la teología moral- si están matando a mi madre, efectivamente, yo voy a tener que usar la violencia en su defensa. Esto proyectado a una dimensión social, justifica una cierta, no digo violencia, porque hoy en día está más o menos demostrado que la violencia social únicamente complica las cosas, sino un cierto grado de inflexibilidad, en defensa de los más débiles y necesitados, si hace falta.

J.C.: *La participación de la iglesia en el poder, a partir del siglo III, con Constantino, ¿condiciona su papel?*

G.F.B.: El "giro constantiniano" fue una opción histórica que sin lugar a dudas le trajo muchos beneficios a la iglesia, y no solamente políticos, sino le trajo la tranquilidad para profundizar la fe no solamente como una respuesta a la persecución. Esta etapa permite la profundización conceptual en el campo de la teología, la filosofía, y permitió establecer organizadamente la caridad -lo que se llamó "la diaconía", o sea el servicio hacia lo necesitados-. Trajo entonces muchos beneficios. Creo, sí, que fue en parte a costa de una cierta pérdida de libertad respecto de la institución humana. Lo cual fue una etapa necesaria, pues ninguna comunidad puede existir siempre al margen de la organización institucional. Creo que fue un riesgo calculado. Lo que me parece cuestionable es la circunstancia de que por causa de esto, con frecuencia la iglesia empezó a aparecer como un poder más, es decir como una espada junto a otra espada. Y esto no me parece bien.

J.C.: *Una leyenda dice que San Francisco de Asís se escandalizó por el lujo en que vivía el papa, y le predicó una necesaria conversión de la iglesia a la pobreza...*

G.F.B.: Es posible que sea una leyenda, pero su sentido es válido, sin duda... Verdaderamente el ideal del cristiano es la pobreza, como lo llevaron adelante, efectivamente, los franciscanos, y no sólo ellos, nuestra orden, de Santo Domingo, dentro de la iglesia.

Pero, tomando a la iglesia como una comunidad de seres humanos, que vive en una sociedad determinada, efectivamente, en ciertos lugares más ricos esta comunidad seguramente va a tener más medios que si vive en una sociedad más pobre. Pero lo escandaloso es cuando en lugares pobres la iglesia vive como rica, ahí sí es verdaderamente escandaloso. Pero hay iglesias pudientes, como la alemana, por ejemplo, que una gran parte de lo que pasa por sus manos, lo pone a disposición de las iglesias más pobres. Y esto es muy meritorio. Hay un impuesto, allí, por el cual el fiel aporta a su iglesia. Y es una obra realmente impresionante la que se hace. De todas maneras es cierto que en Europa, sobre todo en Alemania, donde yo tengo experiencia pues he vivido mucho tiempo allí, la iglesia aparece con frecuencia como un elemento de juego en el tablero político, en la toma de decisiones, porque efectivamente tiene mucho poder, no solamente económico, sino también por el ascendiente que tiene sobre determinados partidos y sobre la sociedad. Pero creo que la iglesia no se puede salvar de tener una representación moral de un sector muy importante del   país. Entonces tiene que asumir el juego de lo político de alguna manera, y lo estamos viendo en Argentina en estos momentos con claridad.

Ahora, la cuestión es cómo lo asume. Si lo asume en defensa de ciertos privilegios de la comunidad religiosa, o si lo asume en defensa del ser humano en general. Que es, gracias a Dios, el vuelco que yo estoy viendo actualmente en el episcopado argentino. La defensa del pueblo ante el problema de la desocupación, la presencia de la iglesia en los conflictos de aquí de Santiago del Estero, lo que hemos visto como presencia de la iglesia en los conflictos de Jujuy, en el conflicto de Misiones, con el poder judicial, la presencia de la iglesia, a través de Cáritas, del obispo Rey, donde se ve que ha cambiado la posición de la iglesia hacia la defensa del ser humano. Es una postura más conflictiva, pero cuando pasa por ahí la actitud institucional hay una cierta garantía de que la iglesia va a ser más independiente, para negociar. Indudablemente la sociedad no puede existir sin la negociación, pero una cosa es negociar bajo cuerda, como lo hacía la iglesia durante mucho tiempo y otra distinta es hacerlo con las cartas sobre la mesa.

Yo creo que la iglesia ha aprendido, y ha aprendido bastante. Sobre todo aquí en Argentina, más allá de que uno pueda disentir con ciertas posturas ideológicas, o teológicas, yo creo que la iglesia argentina está jugando en estos momentos un buen papel. Yo creo que la experiencia de lo que sucedió en la dictadura militar enseñó a la iglesia mucho.

Q.: *Hubo sacerdotes que a fines de los '60 impulsaron un movimiento de transformación revolucionaria de la sociedad. ¿Qué opina de estos sacerdotes, llamados "para el Tercer Mundo"?*

G.F.B.: Primero, hay que situarlos en el momento histórico en que surge este movimiento. La iglesia pasa por la misma división que había en la sociedad. Yo creo que el Movimiento de los Sacerdotes para el Tercer Mundo tuvo grandes virtudes y grandes defectos. Su gran virtud fue el asumir claramente el conflicto que había en la sociedad, y tomaron parte, ya que no se puede ser neutral. Teológicamente, si bien yo tengo algunas disidencias con ellos, creo que descubrieron algunas facetas   que después hace suyas también la Conferencia de Medellín, y Puebla después, que es la opción de la iglesia por los más pobres. Y esa opción por los pobres, como te hablaba recién del amor al prójimo, tiene que ser efectiva, tiene que ser activa, tiene que manifestarse en la transformación del mundo a la medida de Dios y a la medida del hombre, justamente, porque el hombre es la medida de Dios. Porque a la medida de Dios no la podemos hallar en contra de la medida del hombre, por el mismo hecho de que el hombre es creado a imagen y semejanza de Dios. Y en Cristo, se hace más imagen de Dios todavía. En ese sentido los Sacerdotes para el Tercer Mundo revitalizaron una faceta que estaba un poco dormida en la   iglesia.

Pero cometieron un error político y un error teológico -que lo podemos decir hoy, a veinte años de lo que sucedió, yo creo que en ese momento no era fácil verlo-, en haber creído, como muchos en Argentina en ese momento, que realmente estábamos ante condiciones prerrevolucionarias y podía haber un triunfo inminente de la revolución. Yo creo que fueron relativamente ciegos al espectro político internacional, digamos, cometieron el mismo error político de los militares cuando tomaron las Malvinas. La otra cosa, es el error teológico -y es el error fundamental de ellos-, que no tuvieron lamentablemente oportunidad de rectificarlo, es el mismo error de la primitiva comunidad cristiana que creía que el Reino era inminente. Ellos habían puesto la escatología de este "ya estar presente el Reino pero no del todo", en la creencia de que se podía identificar esta cercanía con una determinada realización histórica. Esto les hizo ser excesivamente optimistas. Creo que realmente fue un paso adelante en el sentido de comprender que el Reino de Dios efectivamente pasa por una cierta realización histórica. Pero de ahí a creer que se puede dar una sociedad justa inmediatamente, una sociedad definitivamente justa, es el mismo error de los liberales hoy. Es un esquema parecido al de un filósofo neomarxista alemán, Bloch, postula el anhelo de realización del humano como algo posible en el mundo... con lo cual de algún modo elimina al ser humano. Por qué, porque al no haber más anhelo, desaparece entonces la razón de ser de lo   humano.

Justamente, esa imperfectibilidad del ser humano, esa busca de la eliminación de la injusticia, que siempre la hay, es un aliciente para el desarrollo de la condición humana. Nos abre la posibilidad de decir "realmente tiene una razón de ser la historia humana". Aparece el Reino de Dios como nunca plenamente realizable, aparece un aliciente como para no darse por vencido, como para que no se crea que no queda nada por hacer. Esa presencia de la escatología es lo que no nos permite identificar el Reino con ninguna realización política, por más buena y justa que sea, porque siempre efectivamente hay algo más.

Yo creo que este fue un error de los Sacerdotes para el Tercer Mundo, el identificar el Reino con una sociedad socialista... o peronista revolucionaria... (porque había de todo, peronistas como Carlos Mugica, o marxistas, etcétera). Pero ellos no tienen oportunidad de profundizar un debate interno, por causa de la represión. Tal vez este debate les hubiera permitido superar estos errores y asumir una mayor coherencia teológica nunca del todo lograda. Ahora, sin lugar a dudas, ellos abrieron un espectro de pensamiento a la iglesia del cual muchos de nosotros damos gracias, porque   esas posiciones que en su momento eran consideradas revolucionarias, son asumidas hoy hasta por los grupos conservadores de la iglesia. La misma opción preferencial por los pobres, que fue tan criticada como "marxista", ha sido asumida por la iglesia universal, por el mismo Papa, a quien se lo califica de "conservador". Sin embargo ha asumido la opción preferencial por los pobres de Medellín.

Q.: *Sin embargo ante la excesiva opresión a que se somete a los pobres, ¿la lucha guerrillera puede ser aún una alternativa para estos pobres? (este sería un camino que se dio como exitoso en Chiapas).*

G.F.B.: Yo no creo que siga siendo una opción, yo creo que no lo es. No creo que lo de Chiapas sea una alternativa guerrillera precisamente. La alternativa que hay en Chiapas es justamente que allí no hay guerrilla. Les ha servido un cierto estallido guerrillero -por eso se habla de la primera guerrilla popular-, el gran hartazgo de la gente produce este levantamiento, pero no hay una práctica en el sentido tradicional e ideológico de guerrilla justamente. Lo que han hecho es un levantamiento armado que curiosamente resultó casi no violento. Pero el acento lo tienen puesto en la negociación, particularmente en un aspecto que la guerrilla tradicional descuidó, que es el tema no de la revolución cultural sino de la presión cultural. El acento de Chiapas está puesto, en gran medida, sobre la cultura aborigen. De hecho, este proceso lleva ya muchísimo tiempo evolucionando sin ningún tipo de enfrentamiento   militar.

La violencia es una alternativa falsa, lo que sí hay es una resistencia no violenta, que implica en algunos casos una cierta violencia, porque se trata de un conflicto que se pone a la luz, que implica un cierto grado de violencia. Gandhi, que fue el apóstol de la no violencia, con su resistencia provoca un cierto grado de violencia en la sociedad.

Yo creo que no están comprendidas en todas sus posibilidades este tipo de actitudes de resistencia. Por ejemplo, se ha calificado de "subversivos" (en el sentido de guerrillerismo) a los levantamientos de Cutral-Co y Tartagal; yo creo que van más bien en la línea de la resistencia no violenta de que hablamos. De lo que se llama la "resistencia pacífica".

Q.: *Por otra parte, hay gente de buena voluntad que está convencida de que el camino correcto es tratar de desarrollarnos tomando como modelo al primer mundo...*

G.F.B.: Lo primero que me parece cuestionable es que hablar de primer mundo implica la existencia de segundos, terceros o cuartos mundos... O sea, la aceptación de la desigualdad, de la injusticia, del padecimiento. A mí no me parece plausible un ordenamiento así, más allá de que el llamado "primer mundo" tenga una cantidad de cualidades que puedan ser beneficiosas -no podemos negarlo-, pero no es un modelo donde lo primordial es el hombre sino lo primordial es la riqueza o el lucro. Creo, por otro lado, que el modelo del "primer mundo" es una idealización abstracta. Yo he tenido oportunidad de vivir largos años en el centro del primer mundo europeo; puedo decir que es una sociedad con serios problemas, problemas cada vez más grandes y cada vez más insolucionables.

En el plano económico, hay allí un enorme crecimiento de la marginalidad y de la exclusión. Dentro del cálculo prospectivo de Alemania, para fines de esta   centuria calculaban que iban a tener un 20 % de la población viviendo de la ayuda social. Para cubrirlo, necesitan del subsidio de la sociedad. Y como el aporte de la comunidad va a ser cada vez menor, porque la pirámide de la sociedad está invertida y porque aumenta la desocupación, ellos saben que van a contar cada vez con menos medios para el subsidio social. Entonces, saben que una buena parte de ese 20 % no vuelve a trepar nunca al esquema socioeconómico. Eso nos muestra, por un lado, que ellos han asumido la desocupación como algo estructural del sistema. Como algo "necesario" del sistema. Como lo ha asumido España, que tiene oficialmente un 25 % de desocupación. Por otro lado, este sistema se está volviendo cada vez más excluyente, no sólo hacia dentro sino también hacia afuera. Hay brotes de racismo, las cotas son cada vez más restrictivas para los inmigrantes... eso ha llevado a barbaridades como expulsar asilados políticos, ponerlos de nuevo en el lugar de donde huyeron. Yo recuerdo un caso famoso, de Suiza, donde llevaron a un asilado egipcio a un avión, lo depositaron en un aeropuerto... y nunca salió del   aeropuerto.

J.C.: *Cuál sería un camino, entonces, para los países que no integran el núcleo de desarrollo capitalista en este momento.*

G.F.B.: ¡Ah, esa es una pregunta que me supera, de alguna manera, porque yo no soy especialista ni en economía ni en relaciones internacionales! Ahora, cómo veo un cierto ideal para nosotros... El problema es cómo realizarlo, creo, primero permitirnos recuperar al ser humano como sujeto de su historia y sujeto de su país. Como sujeto de la propia historia del pueblo. Yo creo que las tendencias actuales, tanto las de izquierda, de la posmodernidad, como las del neoliberalismo, son precisamente la eliminación de los sujetos comunitarios y los sujetos colectivos. Unos por lado de la fragmentación y otros por lado de la globalización, pero llegan a lo mismo, que es la disolución de la consistencia de las sociedades humanas. Y yo creo que hay que crear comunidades participativas, que como están las cosas puede darse únicamente si desde abajo se presiona sobre las cúpulas para obtener   participación.

Una cosa que recupero de Europa es el parlamentarismo como sistema de convivencia democrática. No nos damos cuenta todavía, por falta de cultura política, la eficiencia de los controles que podríamos ejercer a través de este sistema. Como por ejemplo votar un presidente de un partido y los diputados de otros. No postulo como modelo ideal el parlamentarismo, pero sirve para darnos cuenta que el modelo debe pasar por la participación. Y la participación significa abrir el juego, no sólo en lo político sino en lo económico, social, cultural, y tiene que llegar hasta el último de los habitantes. En lo práctico esto significa que hasta el más pobre debe llegar a tener un plato con comida sobre la mesa, por   ejemplo.

Lo que implica -y eso es un problema serio, por la globalización económica- que lo político tiene que recuperar el control sobre lo económico. Lo político como organizativo de la sociedad, ordenado al bien común, tiene que poder regular lo económico -que no lo regula en la actualidad. La *comunidad* tiene que poder recuperar ese control.

Y la sociedad debe ser abierta, yo he pasado situaciones incómodas en Europa, por ser "sudaca", pero tengo que reconocer con dolor que aquí también hay brotes   de discriminación a los hermanos bolivianos, paraguayos, chilenos, etcétera. Deberíamos comprender que *compartir* es la mejor manera de multiplicar los platos. Es un modelo moral, si se quiere. El modelo político, económico, tal vez haya que dejárselo a los especialistas. Pero no puede la política, no puede la economía, soslayar que son *servicios*, que tienen que tender al bien común, que deben tener como mira la organización de una sociedad fraterna, solidaria, justa.

Agosto de 1997

UTURUNCOS: LA PRIMERA GUERRILLA LATINOAMERICANA

Entrevista con Félix Seravalle, el comandante Puma

No es casual que el grupo Uturunco naciera en Santiago del Estero, la provincia que albergó también el nacimiento de la Argentina como nación, ya que desde sus tierras salieron todas las expediciones fundadoras de las ciudades que poco a poco irían constituyendo a este país. No es casual que se pusieran Uturuncos, apelando a nuestra raíz indígena

Tiempo y leyenda

El 24 de diciembre de 1959 por la madrugada, un grupo guerrillero tomó sin dificultad la Jefatura Policial de Frías, una ciudad limítrofe entre las provincias de Santiago del Estero y Catamarca. Sus protagonistas se habían bautizado a sí mismos Los Uturuncos; eran santiagueños, peronistas y creían que con su acción iniciaban un levantamiento general.

De acuerdo a lo que les había dicho el general Iñíguez, durante una reunión mantenida con otros militantes peronistas, la toma de la comisaría iba a actuar como santo y seña para que de inmediato militares leales al peronismo se levantaran al unísono en las guarniciones de Santa Fe, Entre Ríos, Salta y la provincia de Buenos Aires. Por su parte, las organizaciones sindicales llevarían adelante una serie de acciones concertadas, entre las que se contaban paros parciales de actividad y actos relámpago en los principales centros industriales. En pocos días y con un mínimo desgaste de fuerzas -si era posible, sin que se tuviera que lamentar víctimas- el pueblo argentino se levantaría masivamente para ocupar las calles en todas las ciudades importantes del país. Como resultado de este eficaz mecanismo de acciones concertadas, en pocos días la Argentina celebraría alborozada el regreso del presidente Perón, y su restitución al gobierno.

¿Quién ideó este plan que ahora parece descabellado? Posiblemente el mismo general Iñíguez, o alguno de sus compañeros de armas. La prolijidad con que fue diagramado presenta las trazas del pensamiento militar. Pero lo cierto es que a la hora de actuar, los militares "leales" no aparecieron. E Iñíguez fue uno de los primeros en disputar las tribunas ofrecidas por los medios de prensa para desconocer en absoluto cualquier relación personal o indirecta con el suceso.

Los únicos en llevar adelante el plan tal como había sido programado fueron Los Uturuncos, cuya efímera existencia posterior hace pensar que fueron un invento momentáneo, al sólo efecto de ser aplicado a las acciones que se programaban. Un invento ingenioso, sin duda.

Quienes no son del Norte Argentino necesitan una explicación para comprender el profundo sentido simbólico de las palabras "uturunco" y "Puma". El puma es un tigre americano, poderoso y difícil de ver, pues habita en lo más profundo del monte. Durante el período de colonialismo hispano se conocía una leyenda, que hablaba de un hombre, gallardo aborigen, que se transformaba en Puma. Era para combatir a los despiadados españoles que sumían en la explotación y humillaciones sin límite al pueblo del puma. Esa leyenda, narrada en quichua, se llamaba Runa-Uturunco: "Hombre-Puma". Uturunco, pues, significa "puma". Ahora bien, el ingenio de Seravalle había convertido en un acróstico de batalla esa palabra: PUMA, significaba también, para los guerrilleros uturuncos, "Por Una Argentina   Mejor".

Los Uturuncos quedaron en el imaginario colectivo como un símbolo de la resistencia peronista, por entonces en sus primeros garabatos. Aún no se habían efectuado atentados de envergadura, aún no habían surgido los grupos juveniles combativos que comenzarían su accionar armado en Buenos Aires. Y los uturuncos, agrupación integrada por jóvenes militantes peronistas, efectuó aquella noche de Navidad de 1959 la primera acción guerrillera de esta etapa, como preanuncio de lo que se avecinaba.

No es casual que el grupo Uturunco naciera en Santiago del Estero, la provincia que albergó también el nacimiento de la Argentina como nación, ya que desde sus tierras salieron todas las expediciones fundadoras de las ciudades que poco a poco irían constituyendo a este país. No es casual que se pusieran Uturuncos, apelando a nuestra raíz indígena. La mayor parte de sus protagonistas se arrepintieron en cada oportunidad que hallaron luego, y algunos de ellos ni siquiera aceptan hoy que formaran parte de la arqueológica guerrilla. No así su jefe, el "Puma" Seravalle, quien por el contrario asumió corajudamente en todo tiempo aquella acción señera, a la cual debe su apodo (a la postre, el nombre por el que ahora lo conocen todos). El Puma, cerca de sus setenta años, vive hoy en La Banda. Gracias a él se conocen los detalles de la ya mítica "toma de la Jefatura de Frías". Que por lo demás salió redonda: no hubo muertos ni heridos, los guerrilleros se alzaron con las armas y los uniformes de la guarnición; ellos les servirían para sortear limpiamente todos los controles policiales durante su breve gesta revolucionaria.

Continuando con los planes establecidos, los Uturuncos enfilaron hacia la selva tucumana. Dos de sus integrantes, casi adolescentes entonces, Cárdenas y Uriondo, se destacarían más tarde, de diferente modo, en la militancia política convencional, dentro del peronismo. Cárdenas es hoy empleado público, con un "perfil   bajo". Uriondo es actualmente subsecretario de Seguridad en el Ministerio del Interior conducido por los radicales Mestre y Mathov.

Los Uturuncos, entonces, siempre a la espera del levantamiento general, establecieron un campamento en plena selva tucumana. Entre los picos montañosos más altos de la Argentina (y del mundo), Seravalle y sus combatientes se dispusieron a una corta estadía entre vivas, antes de que las masas revolucionarias peronistas los recibieran con los más altos honores por haber sabido ubicarse a la   vanguardia.

Pero las masas nunca se levantaron. El aviso de insurrección general nunca llegó. Habían combinado con las chicas tucumanas y un locutor de LV12, que conducían un popularísimo programa de pedidos musicales y mensajes, una serie de mensajes en código que les indicarían el momento justo para salir triunfales de su retiro militar selvático. De un día para el otro desaparecieron los mensajes acordados, y ya nadie les mandó a decir nada. Sin alimentos, agotados por la tensión, el calor de los días y el frío de las noches, la desilusión y hasta el temor, los jóvenes combatientes fueron desalentándose y su comandante, para no caer en la depresión colectiva, iba autorizándolos a regresar, de a uno. Quedaron sólo siete. Un día, mientras efectuaba el chequeo de una cárcel que planeaban asaltar para librar peronistas presos, reconocieron y detuvieron al comandante Puma. Algún tiempo después, los otros se entregaron a la policía.

Hay tres razones posibles para la abjuración posterior de los Uturuncos originales respecto de su acción liminar. 1) La absoluta falta de apoyo y el desengaño que recibieron de parte de la dirigencia peronista que los había mandado a combatir. 2) El fichaje por parte de los Servicios de Inteligencia: casi diez años después, los apresarían nuevamente cuando comenzaron a operar las Fuerzas Armadas Peronistas, con quienes no tenían en absoluto que ver. 3) Una serie de acciones terroristas de alta envergadura, efectuadas desde 1960 hasta el 63, en las que no tuvieron participación, pero de algún modo los involucraba pues en ellas se invocaba el nombre de "Uturuncos".

Aunque no trascenderían en un sentido histórico luego, estas acciones terroristas quedaron hondamente grabadas en la memoria de los Servicios de Inteligencia y las de los militares antiperonistas. Según un informe de esos servicios, que reproducimos textualmente, esta es su crónica:

"[El primer] atentado terrorista fue perpetrado en la noche del 12 de marzo de 1960 contra el domicilio particular del entonces capitán del Ejército David René Cabrera, sito en la calle Díaz Vélez casi esquina Maipú de La Lucila, provincia de Buenos Aires. En dicha circunstancia resultó muerta su hijita Guillermina, de 4 años de edad y con heridas graves su hijo Jerónimo Luis, de 6 años.

"Dicho atentado se produjo mediante el empleo de dos paquetes de gelinita de 3 Kgs. cada uno, colocados en el acceso principal junto a la estructura central de la vivienda, que al explotar ocasionó el derrumbe casi total de la   casa.

"Los autores materiales del hecho fueron identificados como: Héctor Rodolfo Gringoli, Berolegui y Leonelli, quienes actuaron por indicación de Alberto Campos; los materiales explosivos fueron suministrados por Juan Carlos   Brid.

"La organización, actuación y orientación política ideológica de las organizaciones terroristas que comenzaban a actuar a partir de fines de la década del 50, estaban centradas especialmente en la Unión de Guerrilleros Andinos, comandados por [el ex capitán del Ejército Argentino] Ciro Ahumada y por los denominados "Uturuncos" (Tigres del Monte).

"La primera de las organizaciones definió su doctrina sobre la base del denominado Manual del Guerrillero y el folleto 150 preguntas a un   guerrillero.

"La segunda de las nombradas respondía á una clara y definida filiación marxista leninista.

"El accionar de ambas, con la intervención de un definido sector político, produjo en el país entre 1958 y 1961 (gobierno constitucional del Dr. Arturo Frondizi) la cantidad de 1.566 atentados terroristas (colocación de explosivos, bombas, ataques a miembros de las Fuerzas Armadas, Fuerzas de Seguridad, civiles, etc.) con el resultado de 17 víctimas fatales, entre las cuales estaba la pequeña Guillermina y 89   heridos. Uno solo de dichos atentados ocurrido el 15

de febrero de 1960 en el depósito de combustible de la Shell Mex Argentina, sito en la ciudad de Córdoba, ocasionó el incendio por destrucción del tanque madre de tres millones de litros de nafta, dos tanques menores de doscientos mil litros de gasoil cada uno, varios tambores de 200 litros de nafta y de un camión   tanque.

"El siniestro, según fehacientes comprobaciones realizadas después de producido el hecho, resultó de la explosión de una bomba colocada en la base del tanque   madre. Este atentado costó la vida a 13 civiles y numerosos   heridos."

Un manto de sombras se ha tendido sobre aquellas acciones. Quizá porque muchos de quienes las iniciaron, entraron años después a actuar en el ámbito legal, llegando a ocupar importantes puestos políticos. Excepto Seravalle, casi todos repudiarían aquellas aventuras luego, como si se tratara de un hecho maldito. Los sucesos no pueden borrarse de la historia, sin embargo. Una vez que se los comete, ahí están. Y así fue que los Uturuncos, sin proponérselo quizás, fundaron en Santiago el primer grupo guerrillero para una larga etapa de luchas que se   avecinaba.

Félix Seravalle
COMANDANTE PUMA

(Entrevista efectuada el 7 de abril de 1998)

Julio Carreras: ...*Cómo fue la operación de la Jefatura en   Frías...*

Félix Seravalle: Año 59. Nosotros, los que nos identificábamos dentro de un peronismo nacionalista, habíamos quedado, después del golpe del 55, bastante desmembrados por todas las detenciones que hubieron. Y nadie reaccionaba. Los militares le mentían a la gente... que el retorno de Perón..., pero nadie hacía nada.

Empezó el auge del terrorismo. Se empezaron a hacer cosas en forma indiscriminada. Entonces nosotros dijimos, no, si queremos producir el retorno del general tenemos que organizarnos:

Un ejército del pueblo. Un ejército popular.

En ese año estaba vigente el triunfo de Fidel Castro en La Habana con la derrota de Fulgencio Batista. Y se nos prendió la lamparita. Entonces dijimos: nosotros vamos a organizarnos a través del Comando 17 de Octubre. En Santiago, en Tucumán -que era la sede- nos extendimos a Catamarca, a Salta y a Jujuy. A mí se me asignó la tarea de servir de enlace. Hacía esos viajes desde Jujuy hasta La Rioja, donde solía estar el cuñado de Albrieu, el Gordo Carrizo. Una prueba contundente para nuestra organización fue cuando llegó la orden del voto en blanco. En el 58, el acuerdo que hubo entre Frigerio, Frondizi y Perón. Luego de eso fue cuando asume Eduardo Miguel, aquí en Santiago.

J.C..: *¿Cuántas personas logran organizar ustedes aquí?...*

Seravalle: Bueno, en Santiago... teníamos células en todos los barrios. Pero el grupo original éramos seis santiagueños, y en Tucumán había... dieciséis. Porque nadie sale a la lucha así, sin armas... Lo nuestro ha sido una aventura muy particular. Más bien romántica.

J.C..: *El operativo concreto ¿cómo fue?...*

Seravalle: El operativo concreto fue la noche de Navidad...

J.C..: *Ustedes fueron ya armados...*

Seravalle: No, nosotros no teníamos armas. La única arma de que disponíamos era una ametralladora de madera. La fabricamos en la casa de mi viejo. Mi viejo era ebanista, entonces le dije "papá yo necesito hacer algo así, para simular un armamento"... En ese entonces vivía el teniente coronel Pinto Bazán, compadre de Perón, en la calle 24 de Septiembre. Y él me facilitó el uniforme.

El campamento original que teníamos, donde los adoctrinaba a los muchachos, era en Chumillo. En la casa de don Manuel Paz, que era una ladrillería. Y ahí recluté a la gente. Y a través del Ferrocarril Mitre traía a "mis soldados", de Tucumán. Los reclutaba en Tucumán y los traía de mozo en el coche comedor. Tenía un vínculo muy estrecho con uno de los encargados del ferrocarril, entonces los fui trayendo... no disponíamos de medios...

J.C..: *¿Solamente con esa ametralladora de madera coparon la principal comisaría de la ciudad?*

Seravalle: ¡Con esa ametralladora de madera!..., con el uniforme, vestido de teniente coronel y a todos mis muchachos los uniformamos de soldados... La Melitona Ledesma y las mujeres de Santiago nos ayudaron a hacer los uniformes. En Santiago estaba el Negro Uriondo que era el más chico... estaba Chaúd, el Negro... Cárdenas, Pocho... un chico Díaz Ruiz...

J.C..: ¿Cómo es el nombre de Chaúd?

Seravalle: Nosotros le decíamos el Negro Chaúd... el que tenía sastrería, hacía ropa para hombres. El Toto Elías... Díaz Ruiz, un muchacho que desapareció luego de que fuera intendente en Santiago... muy buen compañero, ese está desaparecido en Tucumán... y el Negro Uriondo que después fue... (se ríe) diputado nacional... Se da cuenta... él era el más chico, tendría 16 años... Se entusiasmaron con la idea. El asunto del operativo de Frías fue así:

A mí me llamó el gobernador Eduardo Miguel, a través del arquitecto Del Vitto, que era ministro de Obras Públicas... Como sabía que formábamos parte de la Resistencia de Santiago del Estero, junto con el Negro Ibáñez que fue concejal por La Banda fuimos a la Casa de Gobierno y nos mostró que había llegado una cantidad de armamento nuevo... -ahí es cuando aparecieron las primeras ametralladoras PAM-...

J.C.: ¿En la Casa de Gobierno?...

Seravalle: ...en la Casa de Gobierno... donde es ahora la Jefatura de Policía... ahí él nos hizo subir...

J.C.: Para quién eran esas armas... ¿para la policía?

Seravalle: Eran para la policía. Se hablaba de un supuesto golpe a Frondizi, y entonces, como nosotros teníamos un Comando, que nos reuníamos en Tucumán... bueno, y entonces ya empezamos a ponernos los apodos de   combate...

J.C.: Eduardo Miguel les sugirió en aquella oportunidad que si actuaban tendrían apoyo del gobierno...

Seravalle: Exactamente. Sí, justamente. Julito Santillán sabía ser vicegobernador... de aquí de La Banda, el ingeniero. Entonces él nos dice bueno muchachos, quédense aquí con el arquitecto Del Vitto, que es de la misma riñonada que ustedes pa´que arreglen los detalles... era como decirle al zorro que vaya a cuidar el gallinero... se da cuenta...

Bueno, entonces habíamos programado nosotros un operativo para tomar la Policía, la noche del 24. Pero nunca falta el imponderable... El doctor Carral Tolosa que vivía en esa época en la calle Sáenz Peña, nos había preparado una damajuana de vino porque decía "qué santiagueño no toma vino la noche de Navidad"... con un narcótico... pero saltó uno y dijo: "¿pero si hay alguno que no toma vino?..." Bueno, esa fue una duda... Sabíamos cuántos eran los policías que estarían en la Casa de Gobierno esa noche y cuántos seríamos nosotros... nosotros éramos   veintidós...

J.C.: ...el vino era para invitarles a los policías, por   cierto...

Seravalle: ...ah!... en nombre del gobernador íbamos a invitarles, diciéndole que él había ordenado. Ya teníamos apalabrado a René Espeche, que era sindicalista de Luz y Fuerza, que con sus hombres de Agua y Energía iban a cortar la luz, y ya habíamos hablado con los compañeros de la telefónica también, para dejar incomunicada esa zona.

J.C..: Iba a ser un operativo grande...

Seravalle: Claro, iba a ser... pero, el bocado iba a ser demasiado grande... Entonces alguien dijo: "si sacamos esas armas... ¿a quién se las damos   después?"

Tienes razón, le dije, porque a la gente, para que se te sume, tienes que demostrarle capacidad... Bueno, entonces, como variante, se me ocurrió que vayamos a Frías (una comisaría más chica).

Y justo. Dio la casualidad que yo había trabajado en Obras Sanitarias un tiempo y cuando vino la revolución de Aramburu nos dejaron cesante; ahí había formado una célula peronista. De Obras Sanitarias sacamos el camión. Yo le imité la voz del viejo Alejandro Urlengue, que era el jefe del Taller, ahí en la calle Patagonia y Roca. Y le di la orden al sereno, de que se vaya a su casa a pasar la Navidad, cosa de no tener que violentar nada. Y el tipo se mandó a mudar; entonces, dejó el lugar sin guardia. Así que aproveché que había trabajado en Obras Sanitarias y saqué un camión, un   Ford 7.0.   Ya los compañeros me lo habían dejado cargado con nafta y con sogas, y en ese camión cargué la gente. A los muchachos... -la anécdota es un poco risueña: yo tengo un compadre gitano que vivía en el barrio San Martín... ese se encargó de llevarme a los muchachos que estaban en Tucumán, a la ruta, allá en la curva del san... cerca de la curva de Luján, por la ruta 64... y al camión le habíamos hecho una especie de distintivos, así, le habíamos puesto unas cruces rojas en un faro verde, cosa de que ellos lo pudieran distinguir cuando se iba aproximando... Así que a las tres y pico de la mañana salimos nosotros...

El asunto es que llegamos a Frías, como a las cuatro y media. Y en ese momento se producía el relevo de guardia. Estaban todos los agentes juntos. Estaban por celebrar la Navidad los que entraban y los que salían.

Bueno. Me presenté diciendo que la revolución había triunfado, que me venía a hacer cargo de la Jefatura...

J.C..: ¿Usted tendría unos cuarenta años, en esa época?

Seravalle: No, treinta...

J.C..: ¿Y aparentaba ser un teniente coronel, con esa   edad?

Seravalle: ¡Claro... bien equipado!... ¡además era delgadito, no gordo y panzón como ahora! Bueno, tenía cierta experiencia militar pues en el servicio fui Subteniente de Artillería, así que las voces de mando siempre me salían bien. Por eso fue que les dije "vengo a hacerme cargo de la Jefatura, así que todo el personal se me viene a formar aquí"... Y dirigiéndome a mis hombres: "a ver sargento, a ver subteniente, ordene la requisa de todas las armas"... Todos se pusieron ahí en fila... tenían la mesa lista ya para cenar... un lechón que habían   "confiscado"...

J.C..: Quién estaba disfrazado de subteniente... ¿recuerda?

Seravalle: Sí, un muchacho de Buenos Aires... Alberto Joroma, que lo hice bajar... y un muchacho que estaba vestido con uniforme de la aviación era Genaro Carabajal, de Tucumán, alias El Pila. Yo le había puesto las insignias de sargento a este muchacho, Carabajal. Y el conductor del camión era un compañero que se llamaba Velárdez. Y bueno, todos estábamos uniformados, los agentes no ofrecieron ninguna resistencia cuando les dije "bueno, a ver formen, empiecen a darme los nombres". El Jefe de Policía en ese entonces era el viejo Arias... jubilado del Ejército... estaba en la planta alta -en Frías la Jefatura tiene dos plantas, en una esquina (no sé si conoce Frías). Bueno, el viejo había festejado abundantemente la Navidad y estaba   dormido profundamente... entonces fui, abrí la pieza, vi que estaba durmiendo, y lo encerré con llave.

Y ordené que les requisen las armas a todos. Después que les requisaron las armas, siete carabinas, seis revólveres, dos o tres machetes, los hicimos desnudar... les ordenamos que se quitaran los uniformes, y los metimos en el último calabozo... Y les dije que al día siguiente íbamos a resolver la situación de ellos.

"¡Tarea cumplida, comandante Puma!", me dijo uno, el que iba como subteniente.

Bueno, después fue todo fácil. Cargamos el armamento que había allí, destruimos la estación de radio. También cargamos un cajón de vino, un lechón asado y tomamos el camino hacia Catamarca. Fuimos por Las Viñas, Las Cañas, salimos por Lavalle y entramos al territorio Catamarqueño. Salimos por Río Huacra. En un destacamento policial que había en la frontera, porque nos pararon los hice hacer un poco de salto de rana a los milicos que estaban ahí, porque el camión tenía un cartel que decía "Ejército Argentino", se lo habíamos puesto nosotros, encima del cartel de obras sanitarias. Les dije que estábamos en un operativo secreto, y que cómo nos iban a detener si veían que era un camión del Ejército... así que los hice hacer salto de rana... en La Merced y Río Huacra, porque los tucumanos son más jodidos, y para mejor desconfiados. Había una cadena atravesada, así que les hice sacar la cadena, los hice saltar un rato y después seguimos viaje.

J.C..: *¿Por qué le decían comandante Puma?*

Seravalle: Ya nos habíamos bautizado adoptando el lenguaje Uturunco por la leyenda... y PUMA, era una sigla, significaba: "Por Una Mejor Argentina"... Era una sigla de combate... Bueno, y de ahí nos quedó "comandante Puma" y "Comandante Uturunco", que fuimos los dos que encabezábamos el movimiento...

J.C..: *Y siguieron viaje...*

Seravalle: Entramos por Concepción, Alto Verde, Alpachiri, Arcángel, toda esa parte, y agarramos el camino de La Banderita... La Banderita -en el Cerro Santa María- es el límite que divide Catamarca de Tucumán. Y en la punta, hay un destacamento policial... nosotros llegamos...

J.C..: *...qué se proponían ustedes con ese itinerario hacia los cerros y el monte que habían iniciado...*

Seravalle: ...bueno, ya habíamos hecho una experiencia anterior... en el Cerro del Calá... queríamos formar una guerrilla rural... y concretar una Zona Liberada.

J.C..: *...yo he leído por ahí que también había la promesa de que un regimiento de Rosario, creo, se iba a sublevar...*

Seravalle: Sí, se iba a sublevar... En una reunión que tuve en Buenos Aires, en la casa de don Arturo Jauretche, estuvo Silenzi de Stagni, un hombre que era especialista en Petróleo... porque cuando usted empieza a incitar al pueblo, tiene que darle una proclama... Alonso Silenzi de Stagni me instruyó en los temas relativos al petróleo... es un gran nacionalista, que vive todavía... estaba el hermano de Arturo Frondizi, Silvio, que fue el fundador de PRAXIS... estaba el doctor Jauretche y otras personalidades más... y estaba el teniente coronel Iñíguez... Iñiguez me dice: "salgan ustedes, que salimos después nosotros, porque necesitamos que el pueblo se levante para que el Ejército nos siga..."

J.C..: *¿Estaba en actividad Iñíguez en ese momento?*

Seravalle: ...Él formaba parte de la Resistencia Peronista. Él decía que disponía de fuerzas y que una vez iniciada la rebelión el Ejército se iba a levantar. Pero no se vio nada... tan es así que todavía lo estoy esperando al general Iñíguez... ¡nunca apareció!... Cuando vino en el año 1964 -ya hacía un año que yo había salido en libertad- y hubo una reunión en el Hotel Plaza, donde anduvo Isabel Perón, con el general Iñíguez y la Delia Parodi... me volvieron a llamar... para preguntarme con qué gente contábamos para poder responder si venía el general Perón, con qué lo íbamos a proteger... Yo le dije, "bueno, general, tengo el uno de honda y el dos de afata[1]"... y se rió la gente... y me dice "¿¡Por qué me dice eso!?" Y le digo: "¡General!... ¡en 1959 usted dijo que iba a salir con sus fuerzas militares! ¡lo estoy esperando   todavía! ¡Nosotros salimos! ¡Y estuvimos tres años y medio en la cárcel de Usuahía y me pasearon por todas las cárceles del país... porque salimos!... Bueno, ahora le toca salir a usted."

J.C..: *...¿por qué "lo pasearon por todo el país"?...*

Seravalle: Por una contestación... una mala contestación que le di a un coronel en (la prisión militar de) Magdalena... me dijo: "santiagueño, tenés pinta de no haber trabajado nunca". Le contesté: "bueno, ¿y usted no se mirado la cara de nena que tiene?" Por eso me mandaron castigado a Usuhaía. Yo tenía condena de cuatro años y medio. Así que fui a parar a Usuahía... tres meses. Y de ahí me trajeron a Rawson, a Trelew, Viedma, de vuelta a Magdalena, de ahí me mandaron a Caseros y a la cárcel de castigo de Resistencia. Y a Lomitas...

J.C..: *Volviendo al tema del copamiento de Frías, ¿hasta donde llegaron ustedes en la...*

Seravalle: ...¿Nosotros? Estuvimos recorriendo la parte sur de Tucumán durante tres meses, porque la policía nos tenía miedo y nosotros   también...

J.C..: *¿Ustedes lanzaron alguna proclama?...*

Seravalle: Sí, claro, nosotros izamos una bandera nacional... pero la hicimos estampada con este símbolo (muestra una fotografía): la Estrella Federal. Se da cuenta. Para que no nos vayan a confundir o querer identificar... porque las estrellas de cinco puntas son el símbolo del comunismo, y nosotros nada que ver con el comunismo... Como nuestra gente, éramos realmente nacionalistas... Más adelante, habíamos hecho esta consigna: "Por Una Mejor Argentina... PUMA"... como una forma de unirlo al pueblo. Porque el pueblo estuvo y estará desunido, se da   cuenta.

J.C..: *Por qué medio hicieron la proclama, ustedes...*

Seravalle: Bueno, nosotros teníamos un compañero, en LV12, la radio de mayor potencia del Norte... allí estaba Karam... Él leyó por radio nuestra proclama (en   aquel

———————————————————————

tiempo la radio era muy escuchada, no había televisión). Bueno, eso le costó bastante a Karam, porque sospecharon que estaba de acuerdo con el   movimiento.

Por esa misma radio, también recibíamos los mensajes, a través de un programa muy popular de pedidos musicales. Las mujeres, compañeras de Tucumán de las distintas células, tenían una red de información... así que cuando había peligro para nosotros, nos decían por ejemplo "para los chicos que están en vacaciones, en los cerros... la Polka del espiante"... (se ríe a carcajadas) ...Y cuando no había problemas... Fumando espero... (vuelve a reír). Así eran más o menos nuestras claves. Después, a través del tiempo, nos perdimos... y nos fuimos desperdigando. Porque habíamos pedido parte del transmisor, se cayó parte de un transformador en una quebrada y no lo pudimos recuperar. Y como estábamos desconectados del grueso de la gente, yo empecé a despachar a la gente. Primero al Negro Uriondo, que no se sentía bien, después otro y otro... así que al final quedamos siete. El mexicano, un chico al que le decíamos "Anguila" Fernández, el "Loco" Perón... el "Colorado" Martínez, que después lo encontré de comisario en Montesieri, en la provincia de Santa   Fé...

J.C..: *¿Cómo era el nombre de Martínez?*

Seravalle: ...el Colorado... no recuerdo... lo encontré de comisario... yo cuando salí en libertad me costó mucho volver a conseguir trabajo, porque en esa época el que estaba preso... fui el último preso del Plan CONINTES en salir en libertad, por la Ley de Amnistía que se dictó el 12 de Octubre, cuando asumió el Dr. Illia... estaba el Dr. Zavalía... y había prometido que no iba a haber revanchismos, pero a mí no me reincorporaron a mi puesto... entonces, por diez años tuve que trabajar en carpintería metálica y herrería artística, un poco recomponer la economía, porque mis hijos eran chiquitos cuando me fui, yo tenía tres chicos...

J.C..: *...ah, ya tenía su familia cuando se fue...*

Seravalle: Ya... y tenía tres chicos: el varón y dos mujeres. El mayor está ahora en San Pedro de Jujuy, es licenciado en Química y trabaja en el ingenio La Esperanza; la segunda hija es la María Lidia que es farmacéutica, y en la época del proceso me le secuestró el "amigo" Musa Azar... y me la empezaron a perseguir en la universidad, estaba estudiando Ingeniería Forestal, tenía cuarto año... cuando la secuestraron a mucha gente la detenían y la hacían desaparecer. Tuve que irme a la calle Alsina (cárcel de Santiago) y decirle a Musa Azar: "si le tocas un pelo a mi hija es lo último que haces en tu vida", porque los milicos son así... cuando salen en patota son bravos, cuando están solos no sirven para nada... se da cuenta... y más cuando se encuentran con un tipo dispuesto a todo, menos que menos... así que me la soltaron. Entonces me la persiguieron en la universidad y tuvo que ir... rindió las equivalencias y se hizo farmacéutica. En buena hora. Y la más chica, que voy a visitar ahora, está en Comodoro Rivadavia... ¡Y tengo doce nietos!

J.C..: *¿Ustedes habían hecho algunas operaciones militares mientras estuvieron en el monte?*

Seravalle: Sí... una vez llegó hasta muy cerca una patrulla policial, en un Jeep... les hicimos unos cuantos tiros, usted sabe que los tiros de carabina, entre los   cerros retumban como cañonazos... dejaron el Jeep allí y se fueron... nosotros entonces agarramos en sentido contrario... hicimos 60 kilómetros a pie, en una   jornada...

Había una policía rural, pagada por los grandes capitalistas azucareros, "La Volanta", le llamaban... hicimos varias operaciones con ellos. Ellos trataban muy mal a la gente del lugar, los obreros de la zafra, se abusaban de ellos. Nosotros los poníamos en ridículo ante la gente. Los buscábamos por los caminos, entre los cerros, y cada vez que encontrábamos algunos de ellos los desnudábamos y los paseábamos por todo el pueblo, para que vean que no eran   nada...

J.C..: *Con los alimentos, ¿ cómo se manejaban?...*

Seravalle: Habíamos llevado charqui... y comíamos lo que cazábamos. Había mucha hacienda baguala en los cerros. Y pescados. Ahí, encima del Cochuna, estaba la estación de piscicultura... las truchas... Nosotros hacíamos los fuegos a la par de los árboles, para que el mismo tronco sirva de chimenea, y el follaje desarme las columna de humo, que no veían, se mezclaban con las nubes... entonces no nos podían detectar... Hacíamos de noche las comidas. Y   caminábamos.

J.C..: *Y cómo fue que lo detuvieron...*

Seravalle: A mí me detuvieron... por subestimar al enemigo. Ese día estábamos preparando el asalto a la cárcel de Concepción, para poner en libertad a algunos compañeros que estaban ahí. El acento de la voz me delató. Venían dos capitanes del Ejército del Servicio de Informaciones -en el colectivo- y como les llamó la atención mi voz me detuvieron en Monteros. Me preguntaron qué andaba haciendo. Entonces les dije que estaba por poner un kiosco de venta de Coca Cola, en la terminal de ómnibus de Concepción... se rieron los dos y me dijeron: "muy bien Seravalle, mire: ahí está su foto..." tenían un papel impreso con mi   foto.

(De un montón de recortes y fotografías escoge una): ...aquí es cuando salí en libertad... me hicieron un recibimiento los compañeros (se ve un grupo numeroso, bajo de un árbol)... Aquí está Raúl Corbalán... "Añapa"... el que fue diputado... este es José Benito Argibay... Don Leocadio Carrizo, fue en la casa de él... está viejito ya... toda esta gente ha sido dirigente... este señor que está aquí ha sido secretario de Educación, en determinado momento... un muchacho de apellido... (vacila, al parecer no recuerda, luego deja de lado el tema) Bueno, y estas son distintas tomas... esta es una foto mía que sacó La Gaceta, me la facilitó el señor Leoni Pinto, que trabajaba ahí. Este es Velarde, el que manejó el camión... Aquí están Chaúd y Cárdenas, en Crónica (muestra un recorte)... los metieron presos y los llevaron a Buenos Aires, a Coordinación Federal, diciendo que estaban en la guerrilla de Taco Ralo... cuando fue el asalto al Policlínico Bancario... este es el escrito por el que salí en libertad, que me hace el doctor "Pacha" Aragonés (hermano de la esposa del gobernador Carlos   Juárez).

J.C..: *¿El gobernador Eduardo Miguel le dio algún tipo de apoyo, cuando usted cayó preso?*

Seravalle: No, nunca, nadie... ni el peronismo tampoco.

J.C..: *Así que se arregló solo...*

Seravalle: Nunca nadie me dio ningún tipo de apoyo... quedé librado a mis propios recursos... directamente. Nunca renegué de nada porque cuando salí a luchar,   salí dispuesto a perder la vida. Y recibir alguna cosa me hubiera convertido en mercenario. Y yo creo que un hombre que se vende por un precio no puede representar a   nadie.

J.C..: *Pero usted sería un referente de importancia para el peronismo,   luego...*

Seravalle: Sí... yo lo envié al que fue nuestro primer diputado hachero, a China, a un congreso internacional organizado por Mao Tse Tung... de España nos mandó la plata Perón, y cuando regresó, Chazarreta lo fue a visitar a   Perón...

Incluso yo tuve una entrevista con el Ché Guevara, cuando pasó por Santiago del Estero...

J.C..: *¿En qué año fue eso?*

Seravalle: En el año 1965. Y le dije al Ché Guevara que no se fuera a luchar allí...

Como él estaba decidido, le dí el nombre de alguna gente que yo tenía en   Bolivia... el Coco y el Inti Peredo -por ejemplo...

J.C..: *¿Y qué le dijo el Ché Guevara?*

Seravalle: Que me estaba perdiendo una gran oportunidad -porque yo no quería ir a Bolivia-. Vea, le dije, yo vengo del movimiento mayoritario en la Argentina... cuando nos levantamos tendríamos que haber sido miles porque la gente gritaba "La vida por Perón"... y cuántos salieron a dar la vida por Perón... los locos como nosotros... los románticos, los que creíamos en algo. Después descubrimos la verdad. Perón no quiso volver a la Argentina. Incluso le dijo a John William Cooke: "cuidámelos a los muchachos, que no se me vayan a la izquierda". Él estaba en Panamá. Nosotros desde la cárcel de Resistencia le hicimos llegar una autocrítica y le dijimos que nos había restado el apoyo y nunca nos reconoció... Mi mujer no corrió la liebre con mis hijos gracias a mis suegros y a mis padres. Y algún apoyo de la gente de base. Pero de la dirigencia, nadie. John William Cooke me dijo una vez en una carta: "el viejo no los quiere a ustedes porque dice que ustedes se están yendo a la   izquierda"...

J.C..: *¿Perón sabía que ustedes iban a intentar el   alzamiento?*

Seravalle: ¡Claro!... él me regaló después una pistola Parabellum. Yo tenía ya una pistola que fue del general, una Browning... cuando fue el remate de sus cosas, la había comprado. Esa la perdí, era la que tenía en el monte; cuando dejé el refugio, me detuvieron, me dieron unos cuantos garrotazos, para que dijera algo, dónde estaban los otros, porque ellos eran gente de ciudad y no conocían los lugares, pero no consiguieron nada, detrás mío no cayó nadie...

J.C..: *...cómo lo trataron en las cárceles...*

Seravalle: Bueno, primero me tuvieron en Tucumán en el Regimiento 19... algunos... me trataron bien, porque también eran peronistas... en los Tribunales Militares que se instauraron fui el único que renunció a la defensa y me hice la defensa yo solo. Lo planteé desde el punto de vista mío, es decir, que este asunto no era jurídico sino una defensa de los derechos del pueblo... les dije que los militares deberían ser quienes defiendan la Soberanía Nacional, que no tenía que ser el pueblo el que salga a luchar. En esa época Frondizi había entregado toda la Patagonia a la banca Loeb, la parte de Mendoza hasta... para la explotación petrolera. Y lo que son las cosas... el año pasado (1997) vino un coronel retirado de apellido Farreras. Él era teniente primero en esa época. A través del hermano sabía que yo vivía, vino y   nos invitó con mi señora a almorzar en el barrio Mishky Mayu. Y se acordó de esa época y dice: "le guardo gran respeto a usted Seravalle; lo he venido a ver porque tenía curiosidad por saber como era su espíritu, su forma de ser, y lo veo bien"... Le digo: "vea, yo siempre estoy bien, porque cuando uno piensa en función de Patria, siempre tiene que estar bien". Me dice: "qué razón tenía usted de luchar en esa época..." Le digo: "¿vio que la lucha mía no era en vano? (se ríe) Si hubiésemos triunfado esa vez, el país no estaría en la circunstancia que está ahora. Entregado. Ya no somos dueños de nada. Hemos tenido ya dos virreyes... mister Cheek y el otro, que han dado las órdenes de cómo tiene que ser nuestra economía... pero el asunto es que hay cada vez más pobres, y los pocos ricos que hay... son cada vez más   ricos.

Agosto de 1998 (Publicado por primera vez el 6 de septiembre de   2001.)

1. Afata: planta silvestre santiagueña. Su frutos son como pequeños balines verdes, muy duros, que los niños utilizan como inofensivos proyectiles en sus peleas, lanzándolos a través de una caña hueca.

N. del A.: *El presente trabajo fue publicado en varios sitios de Internet, entre ellos Indymedia, una red internacional de periodismo independiente. En esta web interactiva un lector consignó el valioso comentario que reproducimos a continuación.*

INTERESANTE

by Guillo - Wednesday April 24, 2002 at 04:54 P.M.

Muy interesante el artículo y la entrevista. Ahora parece ser que el Cte.Puma olvida a Enrique Manuel Mena, el famoso comandante Uturunco, en realidad el jefe del grupo mayoritario del Uturunco, llamado Comandos 17 de octubre, que operaban en Tucumán y eran unos 20 hombres. Mena, murió de cáncer en 1969 mientras trabajaba en un oscuro puesto del sindicato de Luz y Fuerza.-

Además, antes de la acción de Frías, el mismo grupo operó en las cercanías del arroyo Calao, en un lugar llamado Puesto de Zárate, donde secuestraron a unos viajeros y asaltaron el puesto policial de Alto Verde y el paradero El Calao del FCGMB. Esto fue aproximadamente dos meses antes de lo de Frías, siendo detenidos tres guerrilleros mal vestidos y desarmados, uno de ellos era de Buenos Aires y se llamaba Franco Luppi (a) El Tano.

Posteriormente a lo de Frías, las guerrillas siguieron operando al mando de un personaje que nombra Serravalle, "El Mejicano" llamado Santiago Transelino Molina, hasta que a mediados de 1960, son detenidos durante un tiroteo en el monte junto con varios guerrilleros más, la mayoría de Buenos Aires.-

Miembro del mismo grupo Uturuncos sería el periodista Enrique Oliva (Francois Lepot) que años después fuera asesor histórico para la película sobre Evita que filmara Maddona.-

A pesar de la inquina que guarda Serravalle contra Iñíguez, lo cierto es que a fines de 1960, este General se alzó en armas, en Rosario y Salta (donde fuera muerto el Cnel. Barreda, que seguía a Iñíguez).La asonada fracasó y terminaron todos encarcelados y hasta disolvieron el regimiento de infantería de Rosario donde había comenzado el movimiento rebelde. En fin puede decirse mucho más sobre esto. Felicito al autor por el trabajo.

Padre Marins
"TOLERANCIA CERO PARA CUALQUIER TIPO DE CORRUPCIÓN"

José Marins fue uno de los fundadores del movimiento eclesial brasileño que decidió seguir las indicaciones de Puebla, en el sentido de "una opción preferencial por los pobres". Desde entonces su trascendencia se acrecentó, hasta el punto de convertirse en principal referente del movimiento, extendido ahora por el mundo entero. Autor de varios libros, su palabra es esperada con gran expectativa en ámbitos que van desde los Estados Unidos a Filipinas, desde Brasil y Perú a algunos países europeos, los últimos en sumarse a este cristianismo nuevo. Durante su reciente visita a Santiago del Estero, el padre Marins se explayó, para la Agencia Informativa de las Comunidades Eclesiales de Base, sobre conceptos importantes. En el marco de una visita a las Comunidades de Jujuy, Salta, Tucumán, Catamarca y Santiago, dejó un mensaje de esperanza y fervor cristiano. A renglón seguido la desgrabación completa de esta interesante   charla:

Julio Carreras: *¿Cuáles son los objetivos de las Comunidades Eclesiales de Base?*

P.Marins: Reconstruir la Iglesia en la base y en lo esencial de ser iglesia y manifestar un modelo adecuado para nuestro tiempo. En ese sentido, es lo más antiguo que tenemos, porque está en la Revelación, los Hechos de los Apóstoles, las Cartas y lo más nuevo que tenemos, tan nuevo que no está en el Derecho   Canónico.

J.C.: *Antiguo, ¿en el sentido de que intenta seguir el modelo de las Comunidades Cristianas originales?*

P.M.: Sí. Está muy ligada a las primeras experiencias de la Comunidad de Jesús, en la historia. Por eso la retoma el mismo   espíritu.

J.C.: *O sea vivir como dicen los Hechos de los Apóstoles, que los cristianos "ponían sus cosas en común", las compartían. ¿Usted cree que en algún momento de la historia se ha perdido esa modalidad de compartir que tenían las primeras comunidades?*

P.M.: La Iglesia es siempre santa y pecadora. Entonces, lo que es esencial de la Iglesia, no se pierde. Es esencial de la Iglesia la comunión. La comunión, de   algún modo, siempre existió. Ahora, su expresión histórica ha cambiado bastante. Hay momentos en que la experiencia de la comunión estuvo más fuerte en las órdenes monásticas. En el punto del proceso de experiencia religiosa. En otro momento apareció más en los movimientos de renovación. Y, en otros momentos él apareció quizás en grupos más proféticos. Lo que parece es que en los últimos siglos la estructura fundamental de Iglesia con la cual trabajamos y es la parroquia, ella se transformó, lentamente, en una estructura grande, bastante pesada, y para subsistir trabajó más el aspecto de la doctrina, la catequesis, y mucho más lo sacramental, lo devocional. Y como se desarrolló mucho el ministerio del presbítero y centralizó prácticamente toda la actividad eclesial, el aspecto horizontal -para decir una palabra- nunca fue negado pero se subdesarrolló, fuertemente, en los últimos siglos. Entonces aparecen mucho más los movimientos masivos, los grandes acontecimientos puntuales, mucho más los eventos y mucho menos un proceso de   comunidad.

J.C.: *Las Comunidades Eclesiales de Base tienen objetivos espirituales y materiales. ¿De qué manera se expresan los propósitos materiales en su   trabajo?*

P.M.: Como Iglesia, no se puede, realmente, separar los dos. Pero, pedagógicamente, a veces dividimos... Así como decimos "cuerpo y alma", también hablamos del aspecto espiritual, aspecto socioeconómico, político, etcétera. Si la función de la Iglesia es manifestar, desarrollar, el Reino de Dios, el Reino no es sólo un evento para después de la muerte. Es un acontecimiento ya para esta vida. Y esta experiencia de Reino es algo que acontece dentro de cada uno, pero acontece en la convivencia humana. Esa convivencia humana está tocada fuertemente por las relaciones económicas, políticas, sociales, culturales, etcétera. Entonces la Iglesia es fermento del Evangelio de Jesús en todas esas áreas. Lo que acontece en las Comunidades es que como la gente está muy cerca de la vida, muy en contacto con el sufrimiento, las alegrías, los sueños y las posibilidades de la gente, las comunidades son mucho más sensibles a las carencias, al dolor y también a las propuestas de su época. Entonces, las comunidades llevan a la gente a comprometerse, en todas las áreas. No en nombre de la Comunidad, sino en nombre de su fe, y como ciudadano. Quiero decir: una Comunidad de Base no tiene una representación socioeconómico-político, no va a decir "las Comunidades de Base están con el candidato X", porque ellas no son una instancia de la política oficial. Pero ella orienta, desde la luz de la fe a sus miembros, a que tomen posición, en todos los campos. Y muchas veces favorecen el surgimiento de iniciativas. Por ejemplo un trabajo de comedores colectivos, trabajo de ayuda a los pobres, o ayuda en la salud. Pero como una motivación... supletoriamente una Comunidad puede atender un dispensario de Salud, pero lo más pronto posible debe buscar enfermeros y médicos. E instituciones que lo   hagan. Porque no es propio de una Comunidad de Base el carisma de cuidar de la salud. Entonces ella puede denunciar, iniciar, proponer y hasta hacer, cuando es algo muy urgente y es un ejemplo que se crea. Pero ella no quiere desarrollar todas las actividades humanas, porque para eso existen otras   instancias.

J.C.: *Existen recursos naturales para que una población mundial tres veces mayor que la existente viva bien. ¿A qué se debe que, sin embargo, sólo un pequeña parte   de los humanos vive bien, mientras el resto viven con deficiencias, o en la pobreza a veces extrema como en grandes sectores de América   Latina?*

P.M.: Ahí ya entramos en el campo de los análisis socioeconómicos y políticos. Ciertamente, lo que acaba de decir es verdad. Helder Cámara acostumbraba usar una imagen muy representativa. Decía que todas las noches, dos terceras partes del mundo van a dormir con dolor de estómago... por hambre... y una tercera parte del mundo van a dormir con dolor de estómago por indigestión. La injusticia en el uso de los bienes hace que todos sufran. Algunos por carencia, otros por enfermedades que vienen como consecuencia de una excelente pero a la vez excesiva alimentación. Así, lo que acontece en el área de la comida, acontece en el área de los medios técnicos. O en el área de la comunicación. Algunos países del mundo controlan todas las imágenes que son distribuidas y todas las noticias que son distribuidas a los grandes periódicas y cadenas de televisión del mundo. Y entonces pueden fácilmente manipular el   mundo.

En la base de eso, los cristianos encuentran un desafío a su fe. Porque según nuestra fe, nadie es dueño de nada, somos los administradores. Entonces, un mundo que no administra los bienes de la creación al servicio de todos, sino al servicio de una minoría, ciertamente es una sociedad injusta. Y los cristianos tienen que hablar proféticamente, tienen que ayudar a que aparezcan propuestas de solución. Ninguna propuesta va a ser milagrosa. Pero, por lo menos se puede hacer un acercamiento. Por eso la instancia de discernimiento de las realidades y también motivar para salidas es parte de nuestra visión pastoral del   mundo.

J.C.: *¿En qué países están desarrolladas las Comunidades Eclesiales de   Base?*

P.M.: Debo comenzar diciendo que si entendemos que la Comunidad de Base es la Iglesia en su instancia primera, donde existe la Iglesia Católica existe Comunidad de Base. Con otro nombre. Se puede llamar "parroquia", se puede llamar "célula eclesial", "iglesia local"... es como preguntar: "¿dónde en el mundo hay piernas y pies?" ¡Pues donde hay persona humana hay piernas y pies! Quiero decir, donde hay Iglesia Católica hay la instancia de base.

Esa es la primera respuesta. La segunda respuesta es: los modelos de esa célula de base más coherentes con el Vaticano II, más de acuerdo con nuestro tiempo -hasta el nombre lo pusimos: Comunidad Eclesial de Base, y no solamente Iglesia Fundamental o Iglesia de Base- ese modelo del Vaticano II, en diferentes estilos e intensidades, en este momento está un poco por todos los continentes. Pero, de manera desigual, aún en países donde se desarrollaron mucho, por ejemplo, en Brasil. No vas a encontrar en Brasil que sea igual en todas partes. Puede haber un área de Brasil como, digamos, Maranhâo, o el interior de Sao Paulo donde se desarrolló mucho. Pero puedes ir a otra área donde la gente no sabe, ni se escucha hablar de Comunidades. Entonces, no hay nada uniforme en este desarrollo.

Ahora, los países que desarrollaron bastante fueron Brasil, México, una parte de Bolivia, Paraguay, bastante de El Salvador... Honduras tiene el modelo de los Delegados de la Palabra de Dios... eso cubre el país hace por lo menos treinta años. República Dominicana trabajó más con el título de "Presidentes de   Asambleas". También lleva como treinta años. Más recientemente hay un proceso nuevo   en

Australia, allí ocho diócesis están trabajando con modelo de Comunidades de Base de Primer Mundo. En Estados Unidos, la universidad de New Orleans pagó una investigación, que tardó cinco años, y fue publicada recientemente en el libro del padre Bernard Lee. Él con su equipo llegan a la conclusión de que en Estados Unidos se pueden catalogar 35.000 Comunidades y que posiblemente lleguen a   50.000.

Para mí, nunca se puede entender esto en términos matemáticos. Porque depende mucho de cuáles son los elementos que tú colocas como esenciales para formar una comunidad. Si colocas algo muy amplio como "vivencia comunitaria", pues hay miles y miles. Ahora si pones la perspectiva de que es una célula oficial de la Iglesia Católica... en comunión con la parroquia... y que en este momento es la iglesia local... ahí el número ya disminuye. Porque en muchos lugares la comunidad está como un embrión. No nació todavía. Y en otros está como niña... en otros está como adolescente... Y, quién sabe, en otros está como vieja... que tiene que crear un nuevo modelo. Hay modelos que fueron importantes en una época pero ahora deben cambiarlos. Como el modelo de la Comunidad de Base en Nicaragua durante el movimiento sandinista. Y que hoy no puede seguir de ese modo. El sandinismo, pues, no tiene más futuro. Y entonces una Comunidad que nació dentro de aquel contexto histórico tiene que reformularse. Son respuestas que nunca son matemáticas. Debemos describir la situación y buscar, dentro de eso, por dónde   ir.

En África trabajan mucho las Comunidades en la línea de la parte bíblica, catequética, e instancia local de reunión para los católicos. En Filipinas tomaron un papel muy profético. Enfrentando un poquito la situación de opresión que el país vivió desde Marcos hasta ahora.

En Europa casi no hay Comunidades -en este estilo nuevo del Vaticano II, ¿no? Y las pocas que aparecieron, quizás tuvieron desencuentros con la jerarquía de la Iglesia. Entonces comenzaron a vivir un poco paralelamente. Haciendo excepción de Inglaterra, algunas partes de España e Italia, que son muy semejantes a la experiencia Latinoamericana.

J.C.: *Las Comunidades, la Iglesia de Brasil ha tenido una actividad muy destacable en favor de los humildes, en los últimos cuarenta años. ¿A qué cree usted que se debe ese compromiso de la Iglesia demostrado en   Brasil?*

P.M.: Desde el punto de vista de la realidad, la situación de inmensa pobreza del pueblo. Segundo un pueblo que en su mayoría es cristiano. Y mayoría católica, todavía. Y entonces desde esa población, como fue dicho en Puebla y retomado en Medellín, "un sordo clamor subió del dolor de esta gente" mirando a la Iglesia como la única instancia confiable y que podía orientarlos. Eso desde la   vida.

Dentro de la Iglesia lo que nos ayudó mucho ha sido la Acción Católica Especializada. En Brasil la Acción Católica siguió la metodología de la Juventud Obrera Católica, esto es "ver, juzgar y actuar". A lo que después las Comunidades añadieron dos aspectos más: evaluar, y celebrar. Nos ayudó mucho la Acción   Católica.

Tercero nos ayudaron mucho los movimientos que prepararon el Vaticano II. El movimiento bíblico, el movimiento laical, y el movimiento Por un Mundo Mejor, que en ese momento era un despertar de comunión y de revisión dentro de la   Iglesia.

Después el episcopado de Brasil durante el Vaticano II consiguió una gran unidad. Y al terminar el Vaticano II ya era un episcopado que tenía un plan muy concreto para ponerlo en práctica, lo cual influyó mucho en la preparación de la Asamblea de Medellín. Quizás todos esos elementos juntos han ayudado para que la Iglesia de Brasil fuera muy sensible al dolor de los pobres, y se comprometiera bastante, partiendo de las áreas más pobres del país, que son el Nordeste y el   Centro-Oeste.

J.C.: *¿Qué les pediría usted a las Comunidades Eclesiales de Base de la Argentina?*

P.M.: Creo que es muy importante vivir el momento histórico en que se   encuentra. La República Argentina sufre en este momento uno de los mayores desafíos de su historia. Un país extraordinariamente rico en tradiciones y posibilidades, de repente se vio aplastado por un fracaso económico, que vino desde afuera. Y que le fue de cierto modo impuesto por un esquema internacional que hirió profundamente a la Iglesia de Argentina.

Nosotros sentimos que en este momento, la gente de la base, la gente de las Comunidades, es llamada por Dios a desarrollar un gran sentido de solidaridad, con el pueblo que está desorientado, con miedo, sufriendo, y con mucha bronca. Entonces, un área de solidaridad, un área de descubrir qué es lo que se puede hacer en este momento, con pequeñas respuestas, porque las comunidades no tienen el poder nacional. Pero tienen el poder moral, local.

Segundo, entrar cada vez más por una exigencia de honestidad, contra toda corrupción, hacer un discernimiento sobre el poder político y no aceptar, tolerancia cero para cualquier corrupción. Sea en lo económico, sea en lo político, sea en lo religioso. Porque también tenemos nuestros pecados internos en la   Iglesia.

Septiembre de 2002

El autor

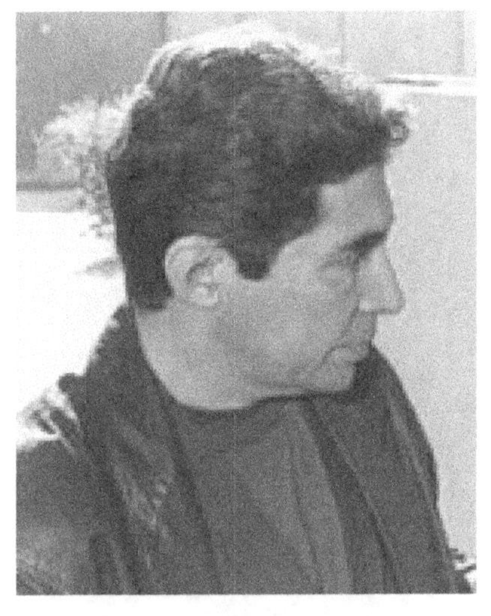

Nací en Santiago del Estero (Argentina), tengo 55 años. Estudié pintura y música desde pequeño. Desde los 14 a los 20 años toqué la guitarra eléctrica en conjuntos de rock. Desde los veinte empecé a escribir artículos (pagos) en el diario El Liberal.

Luego trabajé como periodista en las revistas Posición (Córdoba) y Nuevo Hombre (Buenos Aires). También integré en 1973 la corresponsalía del diario El Mundo en Córdoba.

A los 23 decidí ser escritor porque había muerto mi novia, a quien amaba, y me pareció que de alguna forma debía hacerme capaz de transmitir lo que sentía. Para ello, tendría que ponerme a ejercitar el arte de la palabra. Mi padre había sido poeta, así que tenía alguna base para comenzar.

Sin embargo seguí trabajando como periodista, en Córdoba, principalmente porque en 1972 me había vuelto marxista leninista, más bien trotskista, (sin renunciar al cristianismo) y empecé a militar en el Partido Revolucionario de los Trabajadores (dirección política del Ejército Revolucionario del Pueblo).

En enero de 1976 me capturaron en San Francisco de Córdoba y también a mi esposa. Estuve siete años en diferentes cárceles -y campos de concentración-, y mi esposa seis.

A los treintaitrés años salí, sin nada más que lo puesto y la señal de caín en los últimos meses del proceso. Por concurso obtuve -quince días luego de mi libertad- la adjudicación de una obra pictórica: la realización de 31 murales en un gigantesco santuario abierto que se construía en Mailín, sitio de peregrinación santiagueño donde cada año concurren unos 200.000 peregrinos a cada una de las grandes fiestas, en mayo y diciembre. Con lo que gané en este trabajo - efectuado en tres meses con dos ayudantes- pude comprarme una pequeña casita para cobijarnos con mi esposa y mi hasta entonces única hijita de ocho años.

Luego de ese reinicio trabajé: como director de un museo de bellas artes, como director de un Centro de Capacitación Rural, donde también desarrollaba actividad de apicultor pues habíamos vendido nuestra casa de la ciudad, comprado cinco hectáreas y construido una ancha casa en nuestro campito, y pretendíamos conformar con un grupo muy interesante de argentinos y alemanes una comunidad cristiana.

Más tarde edité la revista Quipu de Cultura -ocho números.

También fui director del suplemento Cultura y Educación de El Liberal (un diario que intenta parecerse a La Nación) y más tarde jefe de Editoriales de ese diario. Por dos años renuncié para poner mi propia imprenta, pero me fue mal y por suerte pude vendérsela a mis propios empleados, quienes siguen viviendo de su explotación ahora.

Fui editor de un diario en internet, coordinador general de la Asociación de Periodistas de Internet. Escribo para varias revistas y medios, en papel e internet.

Terminé de escribir 9 libros, de los cuales cinco son novelas -dos cortas y tres extensas-, dos libros de cuentos, uno de poesía, además de muchos artículos y un par de libros de ensayos juveniles que no computo. Una de las novelas cortas fue traducida y editada en Italia. Trabajo ahora (de a poco) en tres novelas. Etcétera.